基础教育系列丛书

本书受中国教育科学研究院中央级公益性科研院所基本科

"20 年基础教育课程管理改革成效研究"（GYD20210

U0500414

哈斯朝勒 ◎ 著

我国义务教育三级课程管理实施研究

知识产权出版社

全国百佳图书出版单位

—北 京—

图书在版编目（CIP）数据

我国义务教育三级课程管理实施研究／哈斯朝勒著. —北京：知识产权出版社，2023.11

ISBN 978 - 7 - 5130 - 8955 - 5

Ⅰ.①我…　Ⅱ.①哈…　Ⅲ.①义务教育—课程—教学管理—研究—中国　Ⅳ.①G632.3

中国国家版本馆 CIP 数据核字（2023）第 201440 号

责任编辑：贺小霞　　　　　　　　责任校对：谷　洋
封面设计：春天书装　　　　　　　责任印制：孙婷婷

我国义务教育三级课程管理实施研究

哈斯朝勒　著

出版发行：	知识产权出版社有限责任公司	网　　址：	http://www.ipph.cn
社　　址：	北京市海淀区气象路 50 号院	邮　　编：	100081
责编电话：	010 - 82000860 转 8129	责编邮箱：	2006HeXiaoXia@ sina.com
发行电话：	010 - 82000860 转 8101/8102	发行传真：	010 - 82000893/82005070/82000270
印　　刷：	北京建宏印刷有限公司	经　　销：	新华书店、各大网上书店及相关专业书店
开　　本：	787mm×1092mm　1/16	印　　张：	12.75
版　　次：	2023 年 11 月第 1 版	印　　次：	2023 年 11 月第 1 次印刷
字　　数：	180 千字	定　　价：	78.00 元

ISBN 978 - 7 - 5130 - 8955 - 5

出版权专有　侵权必究

如有印装质量问题，本社负责调换。

序

　　哈斯朝勒的专著《我国义务教育三级课程管理实施研究》即将付梓出版了，作为她的博士后指导老师由衷高兴。她在中国教育科学研究院博士后工作站这些年，正值新的义务教育课程方案和课程标准修订的时期，积极参与了教育部教材局委托的关于义务教育课程管理的调研项目，结合自己的研究与思考，发表了相关研究成果，为本书积累了翔实的数据资料和研究积淀。

　　课程是育人育才的重要依托，是教育教学活动基本载体，课程质量直接关系教育质量。党的二十大把教育、科技、人才统筹安排，提出教育强国的发展战略，坚持为党育人、为国育才，加快建设高质量教育体系，发展素质教育，全面提高人才自主培养质量，落实立德树人根本任务，培养德智体美劳全面发展的社会主义建设者和接班人。可以说，建设高质量教育体系是教育改革发展的时代主题和核心任务。作为教育体系关键环节和重要构成的课程体系，必须加强质量建设和规范管理，而质量建设和规范管理的前提和基础是扎实的调查研究、政策研究和学理分析。近年来，人民群众对更高质量更美好教育的需求不断增强，为此党的二十大把教育、科技、人才三位一体统筹安排，明确提出提高人才培养质量、建设教育强国，满足人民对高质量教育的美好愿望。2022 年，国家正式发布新修订的义务教育课程方案和语文等 16 个课程标准。本次修订的课程方案从关注学生健康成长和全面发展的需求出发，将培养"有理想、有本领、有担当"❶的时代新人作为义务教育课程体系的总体目标，关注核心素养培养，强化实践育人、综合育人，构建了各科协同育人新格局。三级课程管理是一个涉及课程改革全局的重要问题。国家、地方与学校课程三者相互联系、彼此关联，形成基础教育的课程结构体系、课程开发体系与课程管理体系，是培养"有理想、有本领、有担当"时代新人总体目标重要保证的有力支撑。以"三有"时代新人培养目标为灵魂主线，以培育学生核心素养为基本导向，加强学校课程体系的整体性设计与协同性实施，既要强化学段的有机衔接，还要注重三类课程的优势互补、整体一致，这是建设高质量课程体系的必然要求。

1999年，《中共中央、国务院关于深化教育改革全面推进素质教育的决定》提出试行国家课程、地方课程和学校课程。2001年，教育部发布《基础教育课程改革纲要（试行)》，进一步明确了国家课程为主体、地方课程和校本课程为拓展补充的课程管理制度。经过20多年的课程改革实践，成效是显著的，但问题依然不少。文件确立了国家、地方、学校三级课程管理制度，这一举措不仅是课程形态丰富的问题，更是课程管理的制度问题。经文件对三级课程管理主体责权的厘定、规范及优化，极大地调动了各地各校的主动性、积极性，各校开发了丰富多样的地方课程与校本课程，积累了课程育人经验，取得了明显的育人实效。然而，改革是个过程，有进展有进步，也会有新挑战新问题。调研发现，有些地方和学校在课程的建设和管理中还存在许多问题，与高质量的基础教育课程体系目标还有不小差距。一是课程定位不够准确，育人导向不够鲜明，课程设置的主观性、随意性较强，有的地方课程缺乏整体规划，没有理顺与国家课程的关系，缺乏明确的育人立意。同时，在学段衔接和内容关联上，校本课程与国家课程、地方课程缺乏整体谋划整合，课程间关联性与学段间的衔

---

❶ 中华人民共和国教育部. 义务教育课程方案（2022年版）[M]. 北京：北京师范大学出版社，2022：2.

接性不足，有的校本课程成了"教师课程"或"考试课程"。二是课程结构内容与国家课程交叉重复较多，部分地方存在学科化倾向和同质化倾向，缺乏综合性、体验性、实践性。三是课程评价环节薄弱、缺失。地方缺乏对于课程实施的管理与课程效果的评价。四是在课程管理上，地方教育行政部门课程管理主体权责不够明晰，监管力度不足，可能存在课程监管的"真空地带"。《义务教育课程方案和课程标准（2022 年版）》提出，地方课程和校本课程是基础教育课程体系的重要组成部分，是对国家课程的有益拓展和必要补充，并对地方和学校科学规划课程实施提出了原则要求。2023 年，教育部印发《关于加强中小学地方课程和校本课程建设与管理的意见》，对三类课程建设与管理的基本精神和实施要求作出具体部署。该文件既是对新修订的义务教育课程方案课程标准的延伸与说明，也是我国基础教育课程改革史上第一个关于地方和校本课程的文件，由此体现了国家对课程建设与发展的高度重视与关注。当前三级课程的实施与建设工作任重而道远，如何在新的历史起点上实现教育的可持续发展，成为当前课程研究与实践的关注与思考，一方面需要加强理论研究，另一方面需要我们实实在在地扎根到中国教育现实土壤里，积极地开展实践探索。

《我国义务教育三级课程管理实施研究》一书，在详细阐释三级课程管理政策和发展历程的基础上，探讨存在的问题并提出切实可行的建议。本书共设有六个章节，在内容上涵盖了三级课程的历史演变、研究动态、体系构成、现状调查、改革路径等多个维度。首先，追本溯源。本书的第一章说明了本书的框架结构及整体思路。第二章联结课程研究中的历史视角与现实关照，全方位、历史性地梳理了 1949 年以来三级课程改革的进展、过程与主要成效，总结了三级课程管理改革的特征。其次，理论阐释。本书第三章和第四章通过对国内外课程管理相关文献的整理与分析，详细阐述了义务教育三级课程管理实施的基本理论。其一，澄清核心概念，阐述了三级课程管理中的基本概念，如课程政策、课程管理、三级课程管理体制及相关的概念辨析，回答了"什么是三级课程管理"；其二，阐述研究现状，清晰梳理了三级课程管理研究的基本状况、存在的问题、实施对策及相关主体的研究，回答了"为什么要实施三级课程管理"；其三，阐释三级课程管理的体系构成，回答了三级课程由"谁来管""管什么""如何管""效果如何"等问题。再次，直面现实。本书第五章强调课程研究与实践的联结，揭示了我国义务教育阶段三级课程管理实施的现实状况。主要围绕我国三级课程的管理主体、管理依据、管理职能、管理方式、管理效果五个方面展开研究，结果表明：其一，三级课程管理在实施中取得了职能与权限认同度高、主体网络构建科学合理、实施运行效果良好、实施特色鲜明满意度高等成效；其二，三级课程管理实施中存在着职能与权限笼统模糊、权力分配问题亟待提升、师资结构性短缺、课程评价实施不到位、管理推进过程不均衡、课程资源不足等现象。最后，对策建议。本书第六章对一线场域中存在的问题进行了细致深入探讨，为三级课程管理实施的发展和推进提供有益建议，提出要进一步完善三级课程管理体制、加强教师队伍建设、开发配套课程资源、关注学校差异、构建多元评价体系、规范课程管理行为六点建议，从而保障三级课程的落地生根。

本书对于三级课程管理实施的研究具有一定学术价值与指导意义，主要体现在三个方面：其一，有助于读者更好地认识课程改革制度的历程与发展；其二，有助于读者了解三级课程管理的基本现状；其三，丰富了三级课程管理的理论研究，为课程改革深化推进提供了重要的实证依据。本书的出版，希冀引起更多研究者和实践者的思考与讨论，也期待着教育界更多相关研究成果的涌现。

是为序。

郝志军

2023 年 10 月 1 日

前　言

　　三级课程管理是涉及课程改革全局的重要问题。2001 年，新一轮基础教育课程改革确立了国家、地方、学校三级课程管理体制，经过多年的实践与发展，三级课程管理政策取得了一定的成效，同时也面临着新问题与新挑战。为全面贯彻党的教育方针，落实立德树人的根本任务，深入推进义务教育课程改革，我国三级课程管理政策的主体、依据、职能、方式等方面都需顺应时代要求不断改进完善。建立科学合理的课程管理体制，不仅是课程改革不可缺少的组成部分，也是促进课程其他方面改革的必要保障，对完善中国特色社会主义教育体系、保障和促进未来中国教育的新发展具有重要意义。

　　本研究以"我国义务教育三级课程管理实施"为聚焦点，从过去、现在、未来三个时间维度，通过"历史分析—体系构成—现实考察—对策建议"的思路开展研究。首先，借助课程管理相关历史文献，结合具有标志性的重大教育政策与教育改革实践，通过回顾、反思、总结课程管理政策的历史演变及曲折过程，准确理解和把握现行课程管理制度，为分析问题、研判发展趋势奠定基础。其次，在深度理解课程管理政策内涵、历史演变、现行政策分析等内容的基础上，以确定课程管理"谁来管""管什么""如何管""效果如何"等问题，对课程管理的构成进行阐释，为义务教育三级课程管理实施的现状调查提供可靠依据和现实支撑。再次，依据三级课程管理体系构成框架设计调查工具，全面诊断我国义务教育课程管理实施情况。选取我国东中西部 10 省（自治区、直辖市）的教育行政人员、督学、教研员、学校管理人员及教师作为研究对象，参与在线问卷调查 12635 人，有效问卷回收率 100%。在调查研究中，不同主体积极参与，三级课程管理实施取得了显著成效，但也存在权责不明、师资不足、评价单一、资源短缺等情况。最后，针对现实困境与问题，从不同的角度对课程管理制定者、课程管理政策执行者和课程管理监督者提出可行建议，为我国义务教育三级课程管理的探索提出有效实施路径，以期在课程实践中得到更好的落实。

目　录

第一章 绪 论

一、我国义务教育课程改革的机遇与挑战

（一）三级课程实施是新课程改革的亮点和难点

我国基础教育课程改革从新中国成立之日起一刻都没有停止过，共历经了八次，从"以俄为师"到"本土化"探索，从"自我否定和异化"到现代化追寻，从中国特色社会主义基础教育课程体系构建再到新一轮基础教育课程改革的实施与推进，走过了曲折的道路，经历了风风雨雨。进入 21 世纪，我国推出了一系列新的课程政策，开始了一场广泛、全面、深入持久的课程系统改革。1999 年 6 月，《中共中央、国务院关于深化教育改革全面推进素质教育的决定》明确指出"调整和改革课程体系、结构、内容，建立新的基础教育课程体系，试行国家课程、地方课程和学校课程"。该文件的颁布，标志着我国基础教育课程由原来单一的国家课程开发模式向国家、地方和学校三级分权的课程开发模式转变。2001 年 6 月，随着基础教育课程改革的启动，三级课程已走过 20 多年的发展历程。三级分权的课程政策逐渐转化为普遍的课程实际，各地和学校积极探索，积累实践育人经验，在实践领域中掀起新高潮。这一成就既是新课程改革实施中的亮点，也是新课程改革实施走向纵深发展的难点。当前，三级课程理论研究十分薄弱，课程中不仅存在课程理论引领、课程制度建设、课程实

践推进的不平衡、不协调问题，还存在课程结构、课程关系不匹配、不系统的问题，制约着课程改革的高质量发展。在着力培育学生发展核心素养，努力追求教育高质量发展的政策背景下，深入研究我国义务教育三级课程实施的价值基础、现实困境与改革路径，具有重要的现实意义。

（二）三级课程管理是课程改革的关键环节

建立国家、地方、学校三级课程管理制度，是新课程改革的重要目标和内容，这一举措不仅是课程形态丰富的问题，更是课程管理的制度问题。其具有独立的地位和作用，对形成中国特色基础教育课程体系意义重大。经过 20 多年的实践与发展，课程管理制度取得了一定成效，具体表现在以下几方面。一是课程管理制度的转变。1999 年，我国正式确立并开始"试行国家、地方、学校三级课程管理"，课程管理主体由单一转向多元，从强调课程上位管理走向管理权力的适当下移，由此推动了地方和学校课程的建设与开发，实现了课程类型的多样化，促进了学生的学习与发展。二是三类课程管理制度更加具科学化、规范化。一方面，科学制定了三类课程的权责，突出国家课程主体地位，兼顾地方课程和校本课程的拓展性和选择性功能，保留地方与校本课程的空间，发挥地方课程与校本课程实施的积极性；另一方面，规范管理了三类课程实施职责以及制度规范要求。三是"教学大纲"名称的转变。这一阶段我国开始全面反思苏联的教育模式，重点转向引进国外的教学研究，重新使用"课程"的概念。"教学大纲"被"课程标准"代替，课程管理体制也从过去的"教学管理"转向"课程管理"。这是我国在课程管理内容上的一次重大探索，此后不再对具体教学进度和行为进行管控，而是将重心转向各科在课程学习中学生应达到的标准。这不仅仅是对名称的置换，而更多地承载着教学改革理论与实践的与时俱进。

在新时代背景下，基于人们对更高质量更美好教育的需求，提高人才培养质量、建设教育强国，成了满足人民美好愿望、提升综合国力的题中之义。2018 年，习近平总书记在全国教育大会上明确指出，坚持把立德树人作为根本任务，努力构建德智体美劳全面培养的教育体系，形成更高水平的人才培养体系。2021 年新修订的《中华人民共和国教育法》第一章第五条提出"教育必须为社会主义现代化建设服务、为人民服务，必须与生产劳动和社会实践相结合，培养德智体美劳全面发展的社会主义建设者和接班人。"❶ 这一要求既是对"培养什么人、怎样培养人、为谁培养人"❷的精准回答，也是落实党的教育方针的核心。2022 年，教育部印发《义务教育课程方案和课程标准（2022 年版）》从有理想、有本领、有担当三个方面厘定了义务教育阶段的育人目标，提出培养具有正确价值观、必备品格与关键能力的人，并对国家课程、地方课程和校本课程的实施提出要求，"以国家课程为主体，奠定共同基础；以地方课程和校本课程为拓展补充，兼顾差异"。❸ 2023 年，教育部印发《关于加强中小学地方课程和校本课程建设与管理的意见》，对地方和学校课程建设与管理的基本精神和实施要求作出具体部署。由此，三级课程管理实施的育人目标、功能定位、管理方式等都需要顺应时代要求进行完善与建设。综上，国家、地方与学校课程作为教育体系的重要构成，相互联系、彼此关联，形成基础教育的课程结构体系、课程开发体系与课程管理体系。是培养"有理想、有本领、有担当"❹ 时代新人，回答"培养什么人、怎样培养人、为谁培养人"❺ 的教

❶ 中华人民共和国教育法 ［EB/OL］. （2021－4－29）［2023－10－23］http：//www. moe. gov. cn/jyb_sjzl/sjzl_zcfg/zcfg_jyfl/202107/t20210730_547843. html.

❷ 习近平：高举中国特色社会主义伟大旗帜 为全面建设社会主义现代化国家而团结奋斗——在中国共产党第二十次全国代表大会上的报告 ［EB/OL］. （2022－02－18）［2023－10－23］. https：//www. gov. cn/xinwen/2022－10/25/content_5721685. htm.

❸ 中华人民共和国教育部. 义务教育课程方案（2022 年版）［M］. 北京：北京师范大学出版社，2022：6.

❹ 中华人民共和国教育部. 义务教育课程方案（2022 年版）［M］. 北京：北京师范大学出版社，2022：2.

❺ 习近平：高举中国特色社会主义伟大旗帜 为全面建设社会主义现代化国家而团结奋斗——在中国共产党第二十次全国代表大会上的报告 ［EB/OL］. （2022－02－18）［2023－10－23］. https：//www. gov. cn/xinwen/2022－10/25/content_5721685. htm.

育根本问题，实现"为党育人、为国育才"❶ 总体目标的重要基石。正因如此，建立科学合理的课程管理体制，不仅是课程改革不可缺少的组成部分，也是促进课程其它方面改革的必要保障，对实现立德树人的根本任务，落实五育并举，发挥课程的综合育人功能，具有重要的现实意义和指导价值。

二、关注的问题与重要意义

（一）研究问题

三级课程管理制度在 20 多年的实施中未得到充分落实，研究内容主要集中在新课程改革阶段，近十年有关理论研究成果数量较少。同时，在课程管理实施中，一方面，国家课程、地方课程和校本课程之间割裂化现象严重，三级课程比例不够合理；另一方面，地方课程与校本课程开设不规范，地方课程和校本课程作用弱化。❷ 因此，深入研究三级课程管理实施路径，从根本上优化我国义务教育宏观课程结构，是推动我国基础教育课程改革走向深入的必然需求。基于此，本研究在文献梳理、总结历史经验、了解一线落实情况的基础上，发现问题、找出原因、寻求解决方案、提出改进策略。具体关注的问题如下：

一是新中国成立以来，我国三级课程管理在历史发展中取得了哪些经验与成效？

二是我国义务教育三级课程管理体系由哪些内容构成？

三是我国义务教育三级课程管理实施的影响因素是什么，存在哪些问题？

---

❶ 习近平：高举中国特色社会主义伟大旗帜 为全面建设社会主义现代化国家而团结奋斗——在中国共产党第二十次全国代表大会上的报告 [EB/OL]. （2022 - 02 - 18）[2023 - 10 - 23]. https：//www.gov.cn/xinwen/2022 - 10/25/content_5721685.htm.

❷ 崔允漷，王涛，雷浩.《义务教育课程方案（2022 年版）》解读 [M]. 北京：北京师范大学出版社，2022：87.

四是针对我国义务教育三级课程管理实施的现实困境与问题，有哪些对策建议？

（二）研究意义

本书以"三级课程管理实施"作为研究主题，总结梳理我国三级课程管理实施的历史经验及实施现状，挖掘其蕴含的教育价值，从理论上探讨我国"三级课程管理"的基本逻辑，尤其是支撑三级课程发展的经验与智慧，积极回应"为谁培养人""培养什么人""怎样培养人"的初心使命。

第一，有助于丰富我国义务教育三级课程管理与实施的理论研究。"三级课程"的提出引起了研究者的关注，但研究结果并不丰富。从理论研究层面来看，课程管理是教育管理工作的重要组成部分。由于课程管理具有自身的特点和规律，涉及教育中最核心、最复杂的课程问题，直接关系到教育的目标，因此就需要我们把课程管理作为一个相对独立的研究领域进行更多的探讨及研究。目前，我国三级课程管理的理论研究较欠缺，不仅影响课程理论学科的建设，制约课程研究整体水平的提高，还使各级学校课程管理缺乏一定的理论指导。由此，本研究以三级课程管理作为研究主题，从多视角展开对三级课程理论的系统分析，明确课程管理政策的演变过程，准确理解、全面把握现行课程管理制度，分析问题、研判发展趋势，为三级课程建设实践提供更加科学合理的认识基础和逻辑起点，以拓展丰富我国义务教育三级课程研究的内容、方法和成果。

第二，有助于真实反映我国义务教育三级课程管理实施的基本现状。本研究以我国东中西部地区 10 省（自治区、直辖市）的中小学校作为调研对象，全面客观了解义务教育三级课程管理实施的现状，分析困境与问题，总结实践经验，以调研数据和事实材料的研究结论为现实依据，为三级课程发展提供实践抓手与实施路径。

三、研究思路与方法

(一) 研究思路

本研究以"我国义务教育三级课程管理实施"为聚焦点，从过去、现在、未来三个时间维度，通过"历史分析—体系构成—现实考察—对策建议"的思路开展研究，具体思路如图1-1所示。

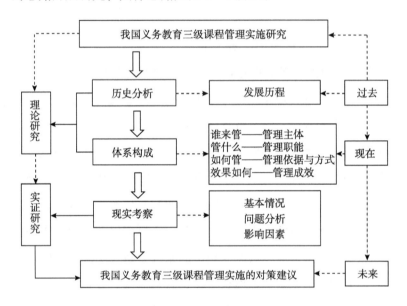

图1-1 整体研究思路图

1. 历史分析

1949年以后，我国建立了全新的教育体系和制度，课程管理的实施也在不断发展、日渐完善。系统总结和回顾我国三级课程管理实施的历程与演变，有助于从整体视野审视我国课程改革制度的历史与发展，从而获得充分的认识。本研究基于三级课程相关的历史资料，结合具有标志性的教育改革实践与重大教育政策，通过回顾与反思，总结三级课程管理政策的历史演变及曲折过程，准确理解和把握现行课程管理制度，为分析问题、研判发展趋势奠定基础。既为昨天的历程也为明天的探索留下完整的、系统的、宝贵的文献和资料。

2. 体系构成

基于对我国义务教育三级课程管理和实施相关文献的梳理，重点围绕三级课程管理的基本状况、内涵、实施现状与问题、对策等关键内容进行分析。通过对三级课程管理构成的阐释，以确定课程管理的实施由谁来管、管什么、如何管等问题。从构建体系的管理主体、管理依据、管理职能、管理方式、管理成效五个维度来设计调查问卷。为义务教育三级课程管理实施现状的调查提供可靠依据和现实支撑。

3. 现实考察

基于三级课程管理体系构成的框架设计调查问卷，全面诊断我国课程管理与实施的现状。以 10 省（自治区、直辖市）中小学校的教育行政人员、督学、教研员、学校管理人员及教师作为研究对象，参与项目在线问卷调查 12635 人，有效问卷回收率 100%，以课程管理政策实施的基本情况、问题分析和影响因素作为调查重点开展研究。

4. 对策建议

基于前期的理论研究与实践调查，针对现实问题，从不同角度对课程管理制定者、课程管理政策执行者和课程管理监督者提出可行的建议，为我国义务教育三级课程的管理提出有效实施路径，以期在课程实践中得到更好的落实。

（二）研究方法

1. 文献研究法

本研究查阅的文献来源于国内外相关的研究著作及学术文献（中国知网，CNKI），通过归纳、整合、挖掘和分析，力求在各学者已有研究的基础上进行系统、深入的研究，试图找到一条操作性强、有针对性的改革现行课程管理体制的路径。本研究从三个方面开展文献的收集整理与分析。一是对我国三级课程管理政策的历史演变及阶段特征进行分析；二是对我国三级课程管理的相关学术著作、学术论文进行综述和分析，研究重点主要包括三级课程管理的核心概念、实施现状与问题、发展对策等内容；三是对主要发达国家的课程管理研究文献进行分析，为本研究提供开阔的国际视野，合理借鉴国际上的地方课程建设管理经验。

2. 科学知识图谱法

知识图谱是反映科学知识发展进程以及结构关系的一种特殊图形图表，它将海量的文献信息通过数据挖掘、信息处理、知识计量和图形绘制，用可视化图像直观展示。本研究基于科学知识图谱的可视化研究方法，借助 Cite Space 可视化分析工具，以 1999—2022 年中国学术期刊网络出版总库检索"三级课程"的相关文献，遴选出 362 篇作为分析的数据源，经知识图谱方法处理，展现新课改以来有关三级课程管理与实施的研究现状。

3. 调查研究法

本研究选取了我国东中西部地区 10 省（自治区、直辖市）的教育行政人员、督学、教研员、学校管理人员及教师作为研究对象，通过问卷调查、访谈、座谈等方式，系统收集与三级课程管理实施有关的定量和定性研究数据。全面了解义务教育三级课程管理政策执行的现状与实施情况，分析问题、总结经验，为研究提供实证依据。

4. 文本分析法

对我国三级课程管理的重要政策资料及各省级教育行政部门（不含港、澳、台）出台的地方课程和学校课程管理相关文件进行鉴别、分类、汇总与分析，从而使文本资料能够准确、完整地反映三级课程管理实施中的现象和问题。调研收集文本包括课程实施办法、地方课程纲要、地方课程教材、学校课程实施方案、校本课程纲要、校本课程学习材料及特色课程建设方案等。

第二章　我国三级课程管理的
发展历程与特征分析

一、我国三级课程管理的发展历程

随着教育制度的变迁与发展，课程管理在相关政策、制度、体制与机制等方面进行了不断的探索与创新，只有从国家历史整体的视野进行系统总结和回顾，才能对其发展历程有充分的认识。本书将从不同历史发展阶段进行分析，具体内容如下。

(一)"完全国家课程"的改革期（1949—1965 年）

中华人民共和国成立以后，我国借鉴苏联的教育经验，确定学校课程管理制度，实行中小学课程管理的国家宏观控制。相继颁布了一系列义务教育阶段的课程计划与标准、教材开发与管理等的政策文件，其内容对课程发展的总体方向及各级课程管理部门职权进行了硬性规定，体现了国家意志。

1. 颁布全国统一教学计划

"教学计划是国家教育行政部门颁发的用以指导教育教学工作的总体规划文件。它是编制教学大纲和教科书的依据，也是督导和评估学校教学工作的依据。"❶ 1949 年 12 月，第一次全国教育工作会议在北京召开，会议制定了教育工作方针，其中包括改革旧教育的教学内容和教学方法，标志着教学计划改革的开始。1950 年 8 月，教育部发布了《中学暂行教学计划（草案）及中等学校暂行校历（草案）的命令》，文件提出"特制定《中学暂行教学计划》，以备在我国学制改革以前，暂行适用。"同时，还对设立的 13 门必修科目进行了说明，并对中学的教学科目、时数、课程安排和学期计划分别做了规定。❷ 虽然文件内容在许多方面不够完善，但为校本课程的系统建立奠定了基础。

　　1952 年 2 月，教育部颁布了《四、二旧制小学暂行教学计划的指示》，❸ 1952 年 3 月，教育部颁发试行《中学暂行规程（草案）》，❹ 这一计划对初中教学总学时做了大幅度减少以外，还对政治课的学时进行了调整。同月，教育部又颁发试行《小学暂行规程（草案）》，❺ 文件内容设置五年制和 8 门课程，并于同年 11 月在全国范围内正式实行。1953 年 9 月，教育部颁布《试行小学（四二制）教学计划（草案）》，之后于 1954 年 4 月教育部颁发《小学"四二制"教学计划（修订草案）的通知》，❻ 以解决实行五年制小学过程中教师和教学材料缺乏等问题。综上，在这一时期教育部主要颁布了 11 个有关中小学教学计划（见表 2 - 1）的文件，并在全国范围内统一实行，这一举措对教学秩序的稳定和学校教学质量的提高起到了重要作用。

---

❶ 黄忠敬. 课程政策 [M]. 上海：上海教育出版社，2010：44.

❷ 何东昌. 中华人民共和国重要教育文献 1991—1997 [M]. 海口：海南出版社，1998：49.

❸ 何东昌. 中华人民共和国重要教育文献 1949—1975 [M] 海口：海南出版社，1998：137.

❹ 何东昌. 中华人民共和国重要教育文献 1949—1975 [M] 海口：海南出版社，1998：139.

❺ 何东昌. 中华人民共和国重要教育文献 1949—1975 [M] 海口：海南出版社，1998：142.

❻ 何东昌. 中华人民共和国重要教育文献 1949—1975 [M] 海口：海南出版社，1998：290.

表 2 – 1　我国小学、中学的教学计划文件统计表（1949—1963）

小学教学计划		中学教学计划	
时间	文件名称	时间	文件名称
1952	《小学暂行规程（草案）》	1950	《中学暂行教学计划（草案）及中等学校暂行校历（草案）的命令》
1952	《小学教学计划》	1952	《中学暂行规程（草案）》
1954	《小学"四二制"教学计划（修订草案）的通知》	1952	《中学暂行教学计划（草案）部分科目调整办法及高中地理科分别讲授中外经济地理的通知》❶
1955	《小学教学计划及说明》❷	1953	《中学教学计划（修订草案）》❸
1955	《执行小学教学计划的指示》❹	1963	《全日制中小学新教学计划（草案）的通知》
1963	《全日制中小学新教学计划（草案）的通知》❺		

注：自1953年颁布《中学教学计划（修订草案）》后，1953—1959年，每年颁布一个教学计划。

2. 陆续颁发各科教学大纲

1952 年 7 月，教育部在参考苏联算术教学大纲的基础上编制了新的算术教学大纲。同年 12 月，教育部颁发《小学算术教学大纲（草案）》和《小学珠算教学大纲（草案）》，这是全国统一进行算术教学工作的依据。1953 年 3 月，教育部颁布《中学数学教学大纲（草案）》《中学物理教学

---

❶ 何东昌. 中华人民共和国重要教育文献 1949—1975［M］海口：海南出版社，1998：168.

❷ 何东昌. 中华人民共和国重要教育文献 1949—1975［M］海口：海南出版社，1998：507.

❸ 何东昌. 中华人民共和国重要教育文献 1949—1975［M］海口：海南出版社，1998：290.

❹ 何东昌. 中华人民共和国重要教育文献 1949—1975［M］海口：海南出版社，1998：508.

❺ 何东昌. 中华人民共和国重要教育文献 1949—1975［M］海口：海南出版社，1998：1202.

大纲（草案）》《中学生物教学大纲（草案）》，规定各科的基本任务和所要达到的主要目标。直到1956年，教育部颁发了15个教学大纲。虽然教学大纲是以苏联教学大纲为蓝本而编制的，缺乏本土化，但作为我国基础教育的法定文件，有力而稳定地促进了我国基础教育的恢复和发展，对规范和管理中小学教学活动做出了贡献。

3. 调整放权，允许地方自编教材

1957年3月18日至28日，教育部在北京召开了第三次全国教育工作会议。会议确定小学教育的发展必须废除国家包办的思想。会议特别强调，要培养农村初中学生必需的知识，以便学生毕业后能更好地参加劳动生产活动。会后，又相继颁布了有关扩大课程管理权的文件。1957年6月，教育部颁布了对中学教学计划进行调整的通知，并提出改革意见，如农村中学的学科设置不必强求一致、各学科的教学时数可以自行调节等。

1958年8月，中共中央、国务院发布了《关于教育事业管理权力下放问题的规定》，对中央和地方教育管理权做出第一次明确划分。文件确立了中央和地方在教材编写上的双重责任，其中教育部负责"组织编写通用的基本教材、教科书"，地方"根据因地制宜、因校制宜的原则，对教育部和中央主管部门颁发的各级各类学校指导性教学计划、教学大纲和通用的教材、教科书，领导学校进行修订补充，并有权自编教材和教科书"。课程的统一性和学术性进一步得到加强。随后，教育部发布正式通知，移交一定的基础教育课程管理权限给地方，允许各地方自行编写教材。因此，这一文件对我国"完全国家课程"管理模式的改变，提高地方课程的积极性、适应性等具有重要意义。然而，由于受"左"倾思想和"教育大革命"的影响，许多地方开始盲目进行缩短中小学学制的改革试验，或动员群众一起参加教科书编写工作等，导致基础教育课程管理出现混乱无序的局面，使教材和中小学教学质量严重下滑。

1959年5月17日，中共中央颁布《关于编写普通中小学和师范学校

教材的意见》，该文件提出，教育部要负责设立教学大纲、编写教材，并提供给各地方使用；同时地方可根据地方实际情况对教材进行编写补充。这一文件对中央和地方在基础教育课程管理中的权责进行了重新分配。

1963 年 3 月，中共中央颁布《全日制小学暂行工作条例（试行草案)》和《全日制中学暂行工作条例（试行草案)》，对地方教育管理权又做出了进一步明确划分。省（自治区、直辖市）教育行政部门管理全日制高级中学与完全中学，同时也可以委托所在地区（市）或县（市）教育行政部门管理。县（市属区）教育行政部门统一管理国家举办的全日制小学、全日制初级中学。同年 7 月，教育部颁布《关于实行全日制中小学新教学计划（草案）的通知》。

综上，这一阶段的基础教育课程管理体制可用"变化无常"来形容，反映了我国社会政治状况对基础教育课程管理的消极影响。虽然基础教育课程管理体制在"左"倾思想的影响下偏离了正确的发展轨道，但同时也留下了宝贵经验和教训，如课程管理中国家和地方的关系、应对教材的编写工作等问题。

（二）课程管理秩序的特殊发展期（1966—1976 年）

"文化大革命"是我国教育事业遭到严重破坏的一个时期。1966 年 6 月，中共中央、国务院颁布《关于 1966—1967 学年度中学政治、语文、历史教材处理意见的请示报告》，要求中小学教材要突出无产阶级政治内容及关于阶级和阶级斗争的学说以及党的教育方针，并根据这些要求对中小学教材进行重新编写。该文件的颁布引发了全国通用教材的批判浪潮，同年废除了负责我国基础教育教科书教材编写的人民教育出版社。

1967 年，中共中央颁布《关于小学无产阶级文化大革命的通知（草案)》和《关于中学无产阶级文化大革命的意见（供讨论和试行用)》两个文件。具体内容包括，一是学校或教师自定教学方案、自编教材，二是各地方自行修订历史、语文、政治等课程和教材。这一文件的颁布，引发了自行编写教科书的浪潮，导致中小学校的课程系统和教学秩序被严重打乱，对我国基础教育的发展造成了前所未有的破坏。

综上，这一时期教育部和所属单位以及各级教育行政机构都陆续停止。原建的课程计划全部被废止，基础教育课程管理体制完全失去了原有的相对独立性，教学计划、教学大纲和教材被取消，由各地区自行编定，学校教育教学处于混乱状态。

（三）三级课程管理体制的探索期（1977—1984 年）

"文化大革命"结束后，我国教育几乎处于瘫痪状态，中小学教育制度混乱无序，基础教育课程标准不一，教育质量低下。为恢复教育的健康发展，1977 年邓小平同志主持召开科学和教育工作座谈会，强调要尊重知识、尊重人才，要创造条件调动科学和教育工作者的积极性，并提出尽快重新恢复建立教育制度和课程教材建设。为贯彻会议精神，教育部提出了一系列中小学课程管理的政策与措施。一是成立教材编审领导小组，由教育部部长任组长，领导课程和教材编写工作；二是重新恢复"人民教育出版社"，并由其组织"中小学教材编写工作会议"，编写中小学各学科的教科书；三是确定中小学基本学制为 10 年，制定教学大纲，编写教材，计划到 1978 年秋季开始在全国通用新编教材。自此以后，我国中小学逐渐走向课程改革。

1978 年教育部颁布《全日制十年制学校中小学教学计划（试行草案）》后制定各科教学大纲，提出了对教材编写的新要求。一要执行贯彻中国共产党的教育路线、方针和政策；二要正确处理政治和业务的关系、理论和实际的关系；三是基础教育课程内容要以基础知识为主，以训练学生的基本技能、发现和培养学生的智力为重点。同年秋季，中小学学生开始使用新编教材。1980 年，编写完成全部教材。

1981 年教育部对教学计划进行调整并连续颁发《全日制五年制中学教学计划（修订草案）》《全日制五年制小学教学计划（修订草案）》《全日

制六年制重点中学教学计划（试行草案）》。

1984 年教育部颁布了《全日制六年制小学教学计划（草案）》。上述文件对规范基础教育学校教学工作和课程建立有着十分重要的意义。根据教学计划内容，人民教育出版社也编写了相应配套学科的教科书。

综上，国家为尽快结束课程管理的混乱局面，恢复并提高教育质量，发布了一系列课程管理政策文件。课程管理的权力下放使其发展从执行教育命令转向提升课程的多样性以及专业性，探索课程发展的本质需求，从而促进了课程在不同地区与学校的深度适应及可持续发展。因此，这一时期成为我国教育走向教材审定制度和基础教育课程多样化的过渡期，同时也是建立新课程管理体制的必要前提。

（四）三级课程管理体制的确立期（1985—2003 年）

20 世纪 80 年代中期，我国课程管理经过前期不断的努力与发展，重新确立了重要地位，为完善义务教育课程管理、规范管理体系打下了基础。而我国"完全国家课程"的管理体制也慢慢显露出其本身固有的局限性，成为提高教育质量的阻力。随着改革开放的深入和社会、经济的发展，培养具有创新精神和独立人格的个性化人才成为教育领域的追求。因此，这一实际情况要求我国课程的实施必须体现和加强课程管理多样性和灵活性的特点。

1985 年 5 月，中共中央颁布《关于教育体制改革的决定》，该文件提出"基础教育管理权属于地方，除大政方针和宏观规划由中央决定外，具体政策、制度、计划的制定和实施，以及对学校的领导、管理和检查，责任和权力都交给地方。省、市（地）、县、乡分级管理的职责如何划分，由省、自治区、直辖市决定"❶。明确了基础教育管理体制改革的方向，基础教育管理权的配置开始由中央向地方转移，进一步强化了地方政府的责任。

---

❶ 中共中央关于教育体制改革的决定 [J]. 中华人民共和国国务院公报，1985（4）：467 - 477.

　　1986 年 4 月，第六届全国人大四次会议通过并颁布《中华人民共和国义务教育法》，规定"国家实行九年制义务教育"，其中第八条规定："义务教育事业，在国务院领导下，实行地方负责，分级管理。国务院教育主管部门应当根据社会主义现代化建设的需要和儿童、少年身心发展的状况，确定义务教育的教学制度、教学内容、课程设置，审订教科书。"❶ 此版《教育法》进一步明确了义务教育的性质，同时成为实行课程多样化和三级课程管理体制的重要法律依据。我国长期以来高度集中统一的课程管理体制开始发生转变，表现为中央向地方下放课程管理权限和责任。至此，我国基础教育课程管理体制进入新的历史时期。

　　1986 年 9 月，国家教委设立了第一个权威性的教材审批机构——全国中小学教材审定委员会，制定《全国中小学教材审定委员会工作章程》和《中小学教材审定标准》，规定教材审定委员会的职责是"审定全国中小学各科教学大纲和教材"，提出各地区"在达到教学大纲基本要求的前提下，可以编写不同风格、不同程度的教材，以适应不同地区、不同学校的需要"❷。全国中小学教材审定委员会的成立，表明"一纲多本"课程发展政策的正式实施。

　　1988 年 8 月，国家教委印发《九年义务教育全日制小学、初级中学教学计划（试行草案）》，1992 年经过试验修改更名为《九年义务教育全日制小学、初级中学课程计划（试行）》，文件中有两个关注点，一是改"教学计划"为"课程计划"，其主要内容是制定课程计划的指导方针，确定小学、初中阶段德育、智育、体育、美育和劳动教育五方面的培养目标，提出各年级的课程设置以及要达到的基本要求，主要包括考试考查、实施要求等。❸ 与以前的教学计划比较，课程计划增加了考试考查以及实施要

　　❶ 何东昌. 中华人民共和国重要教育文献（1976—1990）［M］. 海口：海南出版社，1998：2415.
　　❷ 全国中小学教材审定委员会工作章程［J］. 课程·教材·教法，1996（12）：1-4.
　　❸ 何东昌. 中华人民共和国重要教育文献 1991—1997［M］. 海口：海南出版社，1998：3362-3364.

求等规定。这里的"课程标准"并不是首次提出，早在 1912 年，我国民国政府教育部颁布的《普通教育暂行课程标准》中就已提出并沿用至新中国成立初期。使用 40 多年后，在 1952 年学习苏联时又改为"教学大纲"。二是文件首次提出"国家安排课程"和"地方安排课程"❶，明确规定了地方课程的位置，这是我国基础教育课程管理体制自 1949 年以来的较大突破。该文件还指出"为了适应城乡经济文化发展和学生自身发展的不同情况，本课程计划设置了地方课程安排。地方课程由各省、自治区、直辖市教育委员会、教育厅（局）根据本地实际情况和需要制定"❷，并对具体课时数提出了要求。同年，浙江省和上海市进行了以地方课程为主体开发学校全部课程的课程改革试点。浙江省主要是义务教育课程，上海市的改革则包括九年义务教育和普通高中两个学段。为此，国家实施三套不同的义务教育课程计划和各学科教学大纲（或课程标准），即全国一套、上海一套、浙江省一套，开始在不同地区使用不同的课程方案。这一举措使地方课程含义在原有的基础上得到进一步拓展，地方本位课程和地方取向课程都成为地方课程开发的形式。

1996 年 3 月，国家教委颁布《全日制普通高级中学课程计划（试验)》和语文等 12 个学科的教学大纲。首次将"课程管理"单独分成一个项目，明确指出"普通高中课程由中央、地方、学校三级管理"，❸ 同时规定了各级的课程管理权限。"学校课程"的概念第一次纳入国家正式制定的课程文件中，标志着我国三级课程管理体制被教育行政部门所采用。此计划1997 年已在江西、山西和天津三个省市进行试验。然而，这仅是三级课程管理体制在普通高中阶段进行测试的结果。2000 年教育部印发《全日制普通高级中学课程计划（试验修订稿)》，对文件具体内容做了进一步修订。

---

❶ 何东昌. 中华人民共和国重要教育文献（1991—1997）［M］. 海口：海南出版社，1998：3363.

❷ 何东昌. 中华人民共和国重要教育文献（1991—1997）［M］. 海口：海南出版社，1998：3364.

❸ 全日制普通高级中学课程计划（试验）［J］. 学科教育，1996（4）：2-7.

1998 年，教育部颁布《面向 21 世纪教育振兴行动计划》，文件在肯定三级课程管理体制的同时，在课程管理分权方面又增进了一步，扩大了地方和学校的自主权。1999 年 6 月，经充分讨论之后，发布了中共中央、国务院《关于深化教育改革全面推进素质教育的决定》，文件对基础教育课程改革提出明确要求，"调整和改革课程体系、结构、内容，建立新的课程体系，试行国家课程、地方课程和校本课程"❶。这是中共中央、国务院文件中首次正式提出"国家、地方、学校三级课程管理"，地方作为课程开发与管理的主体地位再一次被强调。这一提法除了强调国家课程占主导地位以外，还拓展了地方和学校课程的权力，增强了课程的灵活性，促进了学生全面发展和创新精神的培养。

21 世纪初，根据国务院领导的指示精神，由国务院体改办牵头，教育部、国家计委、新闻出版署联合对中小学教材的管理体制、出版体制、发行体制、价格体制和监管体制进行调研。2001 年 5 月 29 日，国务院召开了全国基础教育工作会议，颁布《关于基础教育改革与发展的决定》。同年 6 月 8 日教育部印发《基础教育课程改革纲要（试行）》（以下简称《纲要》），正式启动 21 世纪中国基础教育课程改革，进一步明确"实行国家、地方、学校三级课程管理"，❷ 确立三级课程管理体制。为促进不同课程管理机构更好地适应转型期的要求，《纲要》明确指出了不同层级课程管理机构在课程管理中的权力与责任（如表 2 - 2 所示）。政策规定中体现了三级课程管理体制下国家、地方与学校的责权分配，明确了各级课程所属的管理机构以及在学校课程体系中的地位。通过联动合作的机制将不同层级的课程管理机构紧密连接，在共同的目标取向下，各层级课程管理机构相互配合，达到权力的制衡。这一体制的实行，使得县级政府拥有两个方面的责任，一是保障与促进县域内基础教育事业发展的管理责任，二是保障

---

❶ 何东昌. 中华人民共和国重要教育文献（1998—2002）［M］. 海口：海南出版社，2003：288.

❷ 教育部关于印发《基础教育课程改革纲要（试行）》的通知［EB/OL］.（2001 - 06 - 08）［2023 - 03 - 01］. http：//www. moe. gov. cn/srcsite/A26/jcj_kcjcgh/200106/t20010608_167343. html.

县域内基础教育事业发展足够的经费投入与筹措的责任。《纲要》的发布也表明我国在课程价值取向、课程结构、课程内容、课程实施、课程评价、课程管理诸方面突破了指令性课程范式的局限。

表2-2 《基础教育课程改革纲要（试行）》（2001年6月）规定三级课程管理的表述❶

三级课程	具体内容
总要求	为保障和促进课程对不同地区、学校、学生的要求，实行国家、地方和学校三级课程管理
国家一级	教育部总体规划基础教育课程，制定基础教育课程管理政策，确立国家课程门类和课时。制定国家课程标准，积极试行新的课程评价制度
地方一级	省级教育行政部门依据国家课程管理政策和本地实际情况，制订本省（自治区、直辖市）实施国家课程的计划，规划地方课程，报教育部备案并组织实施。经教育部批准，省级教育行政部门可单独制订本省（自治区、直辖市）范围内使用的课程计划和课程标准
学校一级	学校在执行国家课程和地方课程的同时，为适应当地社会、经济发展的具体情况，结合本校的传统和优势、学生的兴趣和需要，开发或选用适合本校的课程。各级教育行政部门要对课程的实施和开发进行指导和监督，学校有权力和责任反映在实施国家课程和地方课程中所遇到的问题

2001年教育部下发了《关于降低中小学教材价格深化教材管理体制改革的意见》《教材编写、审查暂行规定》等11个文件，对教材和教材出版发行的体制进行进一步改革，明确了教材管理改革的基本思路。与此同时，从2001年5月开始，教育部相继推出国家义务教育阶段课程设施实施方案、课程标准试验稿以及配套的实验教材，组建基础教育课程改革国家级试验区，并于同年9月开始启动新课程改革的试验。2001年11月，教育部在颁布的《义务教育课程设置实验方案》中指出，要"均衡设置课程，各门课程比例适当，并可按照地方、学校实际和学生的不同需求进行适度调整，保证学生和谐、全面发展"，"国家通过设置供选择的分科或综合课程，提供各门课程课时的弹性比例和地方、学校自主开发或选用课程

---

❶ 教育部关于印发《基础教育课程改革纲要（试行）》的通知［EB/OL］.（2001-06-08）［2023-03-01］. http：//www.moe.gov.cn/srcsite/A26/jcj_kcjcgh/200106/t20010608_167343.html.

的空间，增强课程对地方、学校、学生的适应性"❶。并明确规定三级课程的比例，提出地方与学校课程的课时和综合实践活动的课时共占九年总课时的 16%～20%。这一文件的颁布对三级课程的规定是最为具体的，也是操作性最强的课程要求。

2003 年 3 月，随着《普通高中课程方案（实验）》和语文等 15 个学科课程标准（实验）的颁布，课程话语占据主导地位，从"教学大纲"时代进入"课程标准"时代，新课程得以在全国试验区逐步推进，率先在海南、广东、山东、宁夏四省区开展高中阶段的新课程改革试验。该文件强调"赋予学校合理而充分的课程自主权，为学校创造性地实施国家课程、因地制宜地开发学校课程，为学生有效选择课程提供保障"❷，这一内容标志着国家、地方和学校共同参与课程管理的形式已进入纵深发展阶段。此外，教育部还制定了《地方课程管理指南》（征求意见稿）和《学校课程管理指南》（讨论稿），具体提出了国家课程、地方课程和校本课程的意见和指导思想。

综上，这一阶段是我国义务教育"三级课程管理"体制发展的初期。"在本次课程改革的相关政策文件中，明确提出并强调实行国家、地方、学校三级课程管理，以国家管理为主，地方和学校享有部分的课程权利。与此相对应的是地方课程和校本课程的开发，要求各地方和学校开发面向本地区和本学校的选修课程，满足学生多样化、差异化的发展需求，引导学生的多元发展。"❸ 同时，从"试验"到"实行"来看，三级课程管理体制正式确立并获得合法地位，为基础教育改革和发展打开了新征程，标志着 21 世纪课程改革的全面启动。

---

❶　教育部关于印发《义务教育课程设置实验方案》的通知［EB/OL］.（2001 – 11 – 21）［2023 – 03 – 01］. http：//www. moe. gov. cn/srcsite/A26/s7054/200111/t20011121_166076. html.

❷　教育部关于印发《普通高中课程方案（实验）》和语文等十五个学科课程标准（实验）的通知［EB/OL］.（2003 – 03 – 31）［2023 – 03 – 01］. http：//www. moe. gov. cn/srcsite/A26/s8001/200303/t20030331_167349. html.

❸　夏永庚，刘奕冉. 素质教育课程体系的"政策·理论·实践"三维建构：基础教育课程改革 20 年的历史贡献与经验［J］. 全球教育展望，2022（8）：3 – 14.

（五）三级课程管理体制的深化期（2004 年至今）

进入 21 世纪，我国三级课程管理实施与改革亦进入关键期。全国各地中小学校开始实行新课程。2006 年已有 10 个省（自治区、直辖市）实行了普通高中新课程试验，2007 年扩至 16 个省（自治区、直辖市），基础教育管理体制基本解决了管理主体的问题，但管理内容、管理方式、学校管理体制改革等一些问题未解决。2010 年 6 月，教育部颁布了《关于深化基础教育课程改革进一步推进素质教育的意见》，文件明确提出基础教育课程改革进入到总结经验、完善制度、突破难点、深入推进的新阶段。同年 5 月，中共中央、国务院颁发《国家中长期教育改革和发展规划纲要（2010—2020 年）》❶，该文件成为指导全国教育改革和发展的纲领性重要文件，同时肯定并要求健全教育管理体制。其中，明确了教育管理各级的权限和责任，提出以政府职能变化和简政放权为重点，加强教育管理体制改革，提高公共教育服务水平。该文件的确立，标志着三级课程管理体制进入推进和发展阶段。

与此同时，为进一步加强建立课程管理体制，我国成立了新的机构和组织。如 2010 年教育部成立了三个组织。一是成立国家基础教育课程教材工作领导小组。领导小组由教育部牵头，中宣部、中央党史研究室、外交部、文化部、新闻出版总署、中国科学院、社科院、工程院和中国科协等有关部门参与，时任教育部部长袁贵仁担任组长。其主要任务是为基础教育研究确定重大政策以及建立课程教材规划；研究确定重大工作项目及解决基础教育课程相关的问题；评审各科目课程标准审定结果，评审教材审查结果和基础教育课程方案；指导国家基础教育课程教材专家工作委员会的工作。二是成立国家基础教育课程教材专家咨询委员会，其任务是对国家基础教育课程教材建设进行研究并提出建议。三是成立国家基础教育课

---

❶ 国家中长期教育改革和发展规划纲要（2010—2020 年）[EB/OL].（2010 - 07 - 29）[2023 - 03 - 01]. http://www.gov.cn/jrzg/2010 - 07/29/content_1667143.htm.

程教材专家工作委员会，其主要任务是组织专家配合、协助教育行政机构开展基础教育课程教材建设工作。具体包括组织研究制定国家课程方案和基础教育各科目的课程标准，组织审议并提出审议意见；组织对课程教材相关重大问题进行评价、检查和研究，进行专门指导以服务于地方和中小学校的课程改革工作。

2014 年教育部出台《关于全面深化课程改革落实立德树人根本任务的意见》，强调要加强对课程实施的管理。该文件指出"教育部将在总体设计的基础上，先行启动普通高中课程修订工作……省级教育行政部门和学校要依据修订后的基础教育国家课程方案，调整完善地方课程和学校课程"，"教育部将组织编写、修订中小学德育、语文、历史等学科教材……各地要结合育人工作实际，开发完善地方课程教材"，"要不断提升地方的自治空间，主要体现在地方以及校本课程的开发与实施中，给予地方更多的管理权力，并进一步提升学校层面对教学进度、方式以及评价等方面的自主权。在不断增强不同管理主体自主权的同时，提升各管理机构的教育服务功能"。❶ 该意见为各地做好地方课程的规范管理和分类指导提出了更高的要求。同年，《中小学教材选用管理办法》提出由国务院教育行政部门负责选用方面的整体工作，省级教育行政部门负责本辖区的教材选用工作的要求，进而有效落实课程教材的分级管理制度，强调了地方政府在课程、教材建设与管理中的重要地位。

2015 年教育部颁布《关于深入推进教育管办评分离促进政府职能转变的若干意见》，提出"依法明确和保障各级各类学校办学自主权"❷ 的要求。表明政策的出台在国家层面上承认并强调了学校的课程权力，给予学校较以往更多的课程自主权，使学校有了行使课程权力的政策依据，从而焕发出学校课程改革与建设的积极性、主动性和创造性。

---

❶ 教育部关于全面深化课程改革落实立德树人根本任务的意见［EB/OL］. (2014 - 04 - 08)［2023 - 03 - 01］. http：//www. moe. gov. cn/srcsite/A26/jcj_kcjcgh/201404/t20140408_167226. html.

❷ 教育部关于深入推进教育管办评分离促进政府职能转变的若干意见［EB/OL］. (2015 - 05 - 06)［2023 - 03 - 01］. http：//www. moe. gov. cn/srcsite/A02/s7049/201505/t20150506_189460. html.

为适应新时代课程改革的需要，进一步加强课程教材建设，落实国家事权。2016年12月，习近平总书记在全国高校思想政治工作会议上强调了教材的重要性。同年，中办、国办联合印发《关于加强和改进新形势下大中小学教材建设的意见》，这是新中国成立以来第一个关于教材建设的中央文件，从政策层面明确了教材的国家事权，并针对课程管理的体制机制提出健全国家教材制度，统筹为主、统分结合、分类指导的管理思想。

2017年7月，国务院成立国家教材委员会，负责"指导和统筹全国教材工作，贯彻党和国家关于教材工作的重大方针政策，研究审议教材建设规划和年度工作计划，研究解决教材建设中的重大问题，指导、组织、协调各地区各部门有关教材工作，审查国家课程设置和课程标准制定，审查意识形态属性较强的国家规划教材"。教育部成立教材局，具体管理各级教材建设，从而形成更加健全完善的管理体制。同年12月，教育部设立课程教材研究所，从学理层面组织开展课程教材建设重大理论和实践问题研究，同时为地方和学校课程教材建设提供咨询和服务。除此之外，2017年8月教育部在《中小学德育工作指南》（以下简称《指南》）中指出"要结合地方自然地理特点、民族特色、传统文化以及重大历史事件、历史名人等，因地制宜开发地方和学校德育课程，引导学生了解家乡的历史文化、自然环境、人口状况和发展成就，培养学生爱家乡、爱祖国的感情，树立维护祖国统一、加强民族团结的意识。统筹安排地方和学校课程，开展法治教育、廉洁教育、反邪教教育、文明礼仪教育、环境教育、心理健康教育、劳动教育、毒品预防教育、影视教育等专题教育"❶。2017年9月，教育部印发《中小学综合实践活动课程指导纲要》（以下简称《纲要》），《指南》和《纲要》共同为地方课程教材的开发与建设提供了方向性、多样性的保障政策和指导意见。

2018年8月，教育部发布的《关于做好普通高中新课程新教材实施工

---

❶ 教育部关于印发《中小学德育工作指南》的通知［EB/OL］．（2017－08－22）［2023－03－01］．http：//www.moe.gov.cn/srcsite/A06/s3325/201709/t20170904_313128.html.

作的指导意见》中提出"各地要加强对新课程实施的领导和管理，认真抓好落实。省级教育行政部门要制定本地课程实施指导意见，明确课程实施的具体要求，统筹均衡安排每学年开设的科目和课时。市县级教育行政部门要指导学校依据国家和省级要求，制定具体的课程实施方案，确保开齐国家规定的各类课程，特别是综合实践活动、技术（含信息技术和通用技术）、艺术（或音乐、美术）、体育与健康等课程，并开足规定的课时。学校要充分挖掘课程资源，开发、开设丰富多彩的选修课程"❶。

2019 年 2 月，在中共中央、国务院印发的《中国教育现代化（2035）》中再次强调"健全国家教材制度，统筹为主、统分结合、分类指导"❷，有效落实教材统编与自主选用多样并存。此外，除了三门学科使用国家统编教材，中小学教材可由学术研究机构、高等学校，特别是师范院校、专家学者按照国家颁布的课程计划和课程标准编写，经教育管理部门相关机构审定后，推荐全国使用，确保教材选用兼顾国家意识、地域特色和学生需求。2019 年 6 月，在《中共中央、国务院关于深化教育教学改革全面提高义务教育质量的意见》中提出"国家建立义务教育课程方案、课程标准修订和实施监测机制，完善教材管理办法。省级教育部门制定地方课程和校本课程开发与实施指南，并建立审议评估和质量监测制度。县级教育部门要加强校本课程监管，构建学校间共建共享机制。学校要提高校本课程质量，校本课程原则上不编写教材。严禁用地方课程、校本课程取代国家课程，严禁使用未经审定的教材"❸。综上，教材建设的改革构建了新的课程管理体制，标志着我国课程管理制度更加健全和完善。

2019 年 12 月，教育部研制印发《中小学教材管理办法》（以下简称《办法》），强调中小学教材建设是国家事权。要求强化政治方向和价值取

---

❶　教育部关于做好普通高中新课程新教材实施工作的指导意见［EB/OL］.（2018 - 08 - 16）［2023 - 03 - 01］. http：//www.moe.gov.cn/srcsite/A06/s3732/201808/t20180824_346056.html.

❷　中共中央、国务院印发《中国教育现代化 2035》［EB/OL］.（2019 - 02 - 23）［2023 - 03 - 01］. http：//www.gov.cn/xinwen/2019 - 02/23/content_5367987.htm.

❸　中共中央、国务院《关于深化教育教学改革全面提高义务教育质量的意见》［EB/OL］.（2019 - 07 - 08）［2023 - 03 - 01］. http：//www.gov.cn/zhengce/2019 - 07/08/content_5407361.htm.

向，坚持目标导向和问题导向相结合，进一步明确职责、健全机制、强化措施，确保教材编审科学与规范。《办法》明确了省级教育行政部门的管理权责，要求其制定地方课程教材和校本课程教材管理制度，指导监督市、县和学校教材工作。同时文件明确要求"不得以地方课程教材、校本课程教材等替代国家课程教材"，"严格控制地方课程教材、校本课程教材和各级各类读本数量，对数量过多、质量不高的及时进行清理。原则上地方课程教材不得跨省使用"❶。文件还规定对各地教育行政部门执行相关规定的检查监督办法。

2021年8月，教育部印发《中小学少数民族文字教材管理办法》，明确规定"民族文字教材应按照国家和地方教材管理规定审核"，"在国家教材委员会指导和统筹下，民族文字教材实行国家、地方和学校分级管理"，"少数民族语文教材编写修订完成后，由省级教育行政部门按照地方课程教材的程序进行初审"。❷该文件的颁布为少数民族文字教材的管理提供了指导意见，为国家与地方的中小学教材管理工作增加了政策制度层面上的合理而健全的保障。

2022年4月，教育部颁布《义务教育课程方案和课程标准（2022年版）》，标志着我国义务教育课程改革进入新阶段，其实施的价值取向必然推动我国义务教育发生一系列的新变化。这既是对我国义务教育课程改革20多年的经验总结，也是对未来课程改革的整体设计。主要以课程方案为纲领，以课程标准为指导，以教材为载体，以教学实施为关键环节，以考试评价为保障的系统工程。其中，在教育管理部门与学校课程实施方面，依据义务教育的性质和要求，将课程分为国家课程、地方课程和校本课程三类，突出国家课程主体地位，兼顾地方课程和校本课程的拓展性和选择

---

❶　教育部关于印发《中小学教材管理办法》《职业院校教材管理办法》和《普通高等学校教材管理办法》的通知［EB/OL］.（2019－12－18）［2023－03－01］. http：//www. moe. gov. cn/srcsite/A26/moe_714/202001/t20200107_414578. html.

❷　教育部关于印发《中小学少数民族文字教材管理办法》的通知［EB/OL］.（2021－09－01）［2023－03－01］. http：//www. moe. gov. cn/srcsite/A26/moe_714/202110/t20211015_572561. html.

性功能。提出明确省级教育行政部门和学校课程实施职责和规范制度，有效实施国家课程、规范开设地方课程、合理开发校本课程，使育人导向更清晰，"各级教育行政部门科学规划课程实施，明确国家、地方和学校的培训职责，建立健全培训工作体系"。同时，"重视实施质量监测和实施督导，明确提出建立国家、省级课程实施监测，以学校作为课程实施的责任主体，加强实施督导和实施质量评价"。❶

综上，在这一时期，特别是党的十八大以来，以习近平新时代中国特色社会主义思想为指导，基础教育改革紧紧围绕立德树人的根本任务，构建了新的课程管理体系。主要体现在以下几方面：一是核心素养引导课程目标贯穿教育教学全过程；二是三类课程管理制度更加科学化、规范化；三是教材编写要求更加规范。特别是教材建设凸显重要价值，在坚持"一纲多本"的前提下，加强统筹力度，对意识形态较强的"道德与法治、语文、历史"三科教材进行了"统编、统审、统用"，使我国教材管理制度顺着新时代的要求而更加完善和健全，标志着我国义务教育课程改革迈向新高度。

二、我国三级课程管理的特征分析

新中国成立以来，我国课程管理体制逐步形成，并在义务教育课程改革中发挥了重要作用。总体来看，呈现出四个方面的特性。

（一）"课程育人"的价值性

课程改革是"国之大者"，直接服务"为党育人，为国育才"的初心使命。2014年，教育部颁发《关于全面深化课程改革落实立德树人根本任务的意见》，明确提出构建核心素养导向的育人目标体系，将深化课程改

---

❶ 中华人民共和国教育部. 义务教育课程方案（2022年版）［M］. 北京：北京师范大学出版社，2022：13－16.

革作为落实立德树人根本任务的重要抓手。2018 年习近平总书记在全国教育大会上明确要求，要构建全面培养的教育体系，形成更高水平的人才培养体系，落实立德树人根本任务。2021 年新修订的《中华人民共和国教育法》第五条提出"教育必须为社会主义现代化建设服务、为人民服务，必须与生产劳动和社会实践相结合，培养德智体美劳全面发展的社会主义建设者和接班人"，既是对"培养什么人""怎样培养人""为谁培养人"的精准回答，也是落实我国教育方针的核心问题。2022 年，新课标从"有理想""有本领""有担当"三个方面，厘定了义务教育阶段的育人目标，提出"培养具有正确价值观、必备品格与关键能力的人"。同时，新课标首次独立设置"劳动教育课程标准"，并将劳动教育首次写进党的二十大报告，更加体现出我国"德智体美劳"全面发展的育人旨向，秉承了立德树人的愿景与使命。综上，党的教育方针凸显出课程育人的目标，体现出育人为本的理念。"课程是国家意志的集中体现，承载着教育思想、教育目标和教育内容。"❶ 育人作为课程的本体诉求，归根结底是为学生发展服务的。离开育人，课程就失去了意义与价值。进而言之，在当前着力培育学生发展核心素养，努力追求教育高质量发展的政策背景下，将培养目标具体细化为各学科课标的落实是实现立德树人的课程初旨。

（二）"权力分配"的平衡性

课程管理改革围绕权力的分配展开，而体制改革则是权力变革的核心。改革目标在于追求课程协调统一性与灵活性、多样性的有机统一，以更好地适应社会经济、文化以及学生的个性发展对教育的要求。新中国成立 70 多年来，我国对国家、地方和学校三级课程管理主体权力不断调整，从根本上改变了高度集中统一的课程管理体制。一方面，出台三级课程管理政策，建立了在国家宏观指导下，由地方负责、分级管理的体制。主要

---

❶ 崔允漷，雷浩. 中国基础教育课程改革的 70 年历程：从规范为先的教学体系到育人为本的课程制度 [J]. 人民教育，2019（22）：50 – 52.

采用将课程权力逐步从国家一级下放到地方和学校一级，以便为地方和学校积极主动参加课程决策、制定和实施过程提供便利条件，使基础教育课程具有更大的开放性、参与性和适应性。另一方面，建立基础教育课程管理法规体系的框架，使基础教育课程管理体制走上依法治教的轨道。由此，国家课程管理权限的下放，不仅使不同的课程管理机构有机会参与到课程管理的设计与实施中，同时还调动了各管理主体的积极性，明确了自身的职责与权力。凭借不同教育者对课程的理解与经验，使地方、学校与教师在课程开发与实施过程中发挥专业性与创造性，有效提升课程的适应性，提高各课程管理机构的专业性，进一步推动了地方和学校对课程实施的积极性。

（三）"管理主体"的多元性

《国务院关于基础教育改革与发展的决定》与《基础教育课程改革纲要（试行）》正式确立"实行国家、地方、学校三级课程管理"，赋予地方政府和学校在遵循国家课程管理政策的基础上，因地、因校、因生自主开发或选择课程的权利，实现课程管理在价值统一导向下的多元发展。推动校本课程的建设及开发，以"促进学生个体成长发展、提升问题解决能力以及环境适应能力"❶。三级课程管理体制的提出与实行是一个渐进式权力下放的过程，也是各管理主体责任与权力不断协调统一的过程。自1985年至1992年，各地开始设置地方课程。特别是在"1992年第七次课程改革时，重视地区差异、照顾地方特色的地方课程正式被列入全国统一课程计划中，基础教育课程结构变革取得了观念上的突破"❷。课程管理的权限逐渐从国家下放到地方。现阶段，我国课程管理体制打破了原有的科层管理制度，吸纳了更多的课程管理主体参与，促进了地方教育部门、学校领

---

❶ 李保强，朱薇. 我国课程管理价值观的历史演绎与多维重构：纪念中华人民共和国成立70周年［J］. 现代教育管理，2019（9）：7-12.
❷ 何学新. 基础教育课程的变革与反思［M］. 桂林：广西师范大学出版社，2015：163.

导者、教师、学生、家长的广泛参与，最终打造由中央政府宏观指导、地方与学校多样发展、教师与学生积极参与的格局（见表2-3）。地方教育部门、学校与教师等利益主体转变了角色，既作为课程管理的对象，也担任课程管理者或者领导者的角色。管理主体在"单一"向"多元"的发展过程中，各课程管理主体的权力分配相互联系、相互制衡。各管理主体采用合作的方式进行管理，通过课程管理的整合策略，更紧密地将课程利益相关者结合起来，多主体的管理方式改善了管理中的权力主体单一问题，为课程的多样化以及专业化发展提供了保障。

表2-3　1988—2022年义务教育课时比例情况

时间	文件名称	课时设置比例
1988 年	《义务教育全日制小学、初级中学课程计划（试行草案）》	国家课程占 90%，地方安排的课程占 10%
1992 年	《九年义务教育全日制小学、初中课程计划（试行)》）	
2001 年	《义务教育课程设置实验方案》	地方与学校课程课时和综合实践活动的课时共占九年总课时（9522）的 16%～20%
2022 年	《义务教育课程方案和课程标准（2022 年版)》	地方课程、校本课程、劳动、综合实践活动课程共占义务教育总课时（9522）的 14%～18%

（四）"管理决策"的科学性

我国基础教育课程管理体制的发展历史表明，如果不能很好地权衡国家、地方和学校在课程管理中的地位，就不能满足我国基础教育课程体系健康发展的要求。课程决策的科学化依赖于课程权力的规范行使，尚需进一步廓清中央政府、地方政府、学校和教师等不同层面课程权力的合理配置与有效运用。课程管理手段作为课程管理系统的关键要素之一，其发展过程是一个科学化与现代化的过程。2022 年 4 月，《义务教育课程方案和课程标准（2022 年版）》明确规定"要构建以国家课程为主体、地方课程和校本课程为重要拓展和有益补充的基础教育课程体系"❶。国家一级的课程管理应该体现课程实施的客观规律，尊重学校和教师的主体性和创造性，以提高学校和教师对国家课程的认同和理解。地方在课程管理中的作用并不仅仅是组织力量开发地方课程，而应将重点放在对国家课程的实施和校本课程的开发提供支持和服务上，从而调动学校和教师的积极性。"国家课程、地方课程和校本课程是推进协同育人、实现总体育人目标、落实立德树人根本任务的重要载体，三者彼此关联、相互配合，共同构成义务教育课程体系，努力培养有理想、有本领、有担当的时代新人，共同回答培养什么人、怎样培养人、为谁培养人的教育根本问题，是实现为党育人、为国育才的重要课程基石"❷。

---

　　❶　中华人民共和国教育部. 义务教育课程方案（2022 年版）［M］. 北京：北京师范大学出版社，2022：6.
　　❷　崔允漷，王涛，雷浩. 义务教育课程方案（2022 年版）解读［M］. 北京：北京师范大学出版社，2022：87.

第三章 国内外三级课程管理的研究动态

三级课程管理研究是涉及课程改革全局的重要问题，不仅对课程自身的发展产生改变，也对整个教育改革的广度和深度产生影响。1999—2022年是我国课程改革从起步、实施、调整到深化的 24 年，课程管理实施的研究也伴随着课程改革的兴起与发展。通过对国内外三级课程管理的相关文献进行梳理与分析，为本研究提供理论基础。

一、国内三级课程管理的研究动态

（一）三级课程管理研究的基本状况

本研究对 1999—2022 年我国三级课程研究的高频关键词进行系统聚类和多维尺度分析，绘制我国三级课程研究的热点知识图谱，以期揭示"三级课程"及"三级课程管理"研究热点之间的深层关系与发展趋势。

1. 研究过程与方法

（1）文献资料的选取

本研究借助 Cite Space 可视化分析工具，以中国学术期刊网络出版总库（CNKI）检索"三级课程"的相关文献资料，期刊的年限设置为1999—2022 年，选取这一时段，主要是基于课程改革对三级课程管理研究所形成的背景性因素。初步得到 1664 篇文章，为了使研究数据更加聚焦和有效，将论文设定为 CSSCI 和中文核心期刊，并剔除实际内容与"三级课程"不相关的文献、重复发表的文献以及会议信息、会议综述、会议通知、书评、影评、人物专访、报纸评论等非研究型文献，遴选出 362 篇文献作为分析的数据源，经知识图谱方法处理，展现新课改以来有关"三级课程"的研究现状。

（2）研究工具与研究步骤

本研究使用 Cite Space 6. 1. R3 版本对我国"三级课程"研究热点知识图谱进行绘制和解析。第一，从中国学术期刊网络出版总库检索"三级课程"，并增加检索条件和要求，对遴选出的 362 篇学术期刊论文导出 Refworks 格式文件。第二，设置四个文件夹，分别为 data、input、output、project，并将下载的 Refworks 文件导入 input 文件夹中。第三，通过 Cite Space 软件，将 input 文件夹中的文件进行格式转换，并保存在 output 和 data 文件夹中。第四，根据 Cite Space 软件提示建立新的项目，并进行关键词的分析，梳理研究的主要机构、研究的主要问题，以及不同阶段研究热点集中的方向，分析结果将保存到 Project 文件夹中。第五，对知识图谱进行绘制，并对图谱进行解释和分析。

2. 研究结果与分析

（1）三级课程研究的论文发表单位分布情况

从研究学者的单位构成来看，论文发表单位主要集中于高校、教育科研院所、报刊出版、教育行政部门、中小学等约 350 个单位。其中，从研究单位分布情况来看，通过图片能直观地了解"三级课程"相关研究较为活跃的单位，图片中字体越大，表明在该领域中研究成果越多、研究活跃度越高。如图 3 - 1 所示，华东师范大学课程与教学研究所、西南大学教育学院和东北师范大学教育学部三所院校是该领域研究中最为热门的单位。

图 3 - 1   1999—2022 年三级课程论文发表单位分布情况

　　为了便于研究和查看，在论文发表单位数量的统计中，所呈现同一单位二级学院的情况均按"一级单位"进行计数，如发文单位为：华东师范大学课程与教学研究所、华东师范大学体育与健康学院、华东师范大学、华东师大课程与教学研究所、华东师范大学课程与教学系、华东师范大学教育学部学前教育学系、华东师范大学教育学部教育信息技术学系、华东师范大学教育学系、华东师范大学教育学部、教育部基础教育课程研究华东师大中心等，均按照"华东师范大学"进行统计。

　　经统计结果显示，自 1999 年以来，华东师范大学在"三级课程"方面发文量最多，为 49 篇；东北师范大学、西南大学、西北师范大学和北京师范大学紧随其后，分别为 16 篇、14 篇、11 篇和 10 篇；统计结果显示不少于 7 篇的单位共有 13 家；不少于 3 篇的单位共有 21 家。除江苏省教育科学研究院、北京教育科学研究院、山西省教育科学研究院外，其余单位均为教育类师范大学，且均为教育学相关专业的博士或硕士培养授权单位。

表 3 - 1   1999—2022 年三级课程论文发表单位统计表（频数 ≥2）

序号	频次	起始时间（年）	单位名称
1	49	1999	华东师范大学

序号	频次	起始时间（年）	单位名称
2	16	2002	东北师范大学
3	14	2007	西南大学
4	11	2002	西北师范大学
5	10	2002	北京师范大学
6	9	2005	南京师范大学
7	7	2005	华南师范大学
8	7	2001	湖南师范大学
9	7	2003	福建师范大学
10	7	2008	山东师范大学
11	7	2001	淮阴师范学院
12	7	2003	江苏省教育科学研究院
13	7	2016	北京教育科学研究院
14	5	2004	辽宁师范大学
15	4	2004	河南师范大学
16	4	2008	山西省教育科学研究院
17	4	2009	绵阳师范学院
18	3	2002	清华大学
19	3	2002	北京体育大学
20	3	2009	哈尔滨师范大学
21	3	2009	河北科技师范学院
22	2	2002	中国人民大学
23	2	2020	重庆第二师范学院

（2）三级课程研究的主要作者情况

"高影响力作者是一个科研机构科研产出的主要力量，因此对作者机构分布规律的研究是进行科研机构评价的主要内容之一。"❶ 本书对 362 篇 CSSCI 和中文核心期刊文献进行标准化处理，经统计共有 423 位作者发表了研究成果，其中涉及一篇文章包含多名作者的情况。经统计表明，"三

---

❶ 杨波，黄水清，白振田. 高影响力作者的机构分布模式研究 [J]. 图书情报工作，2012（11）：37.

级课程"相关论文发文量不少于2篇的作者共计53位，不少于5篇的作者共计6位。在三级课程研究领域中较为活跃的研究者有崔允漷、董翠香、季浏、杨德军、张晓东、殷世东、袁顶国、胡定荣、王凯、成尚荣等（见图3-2）。

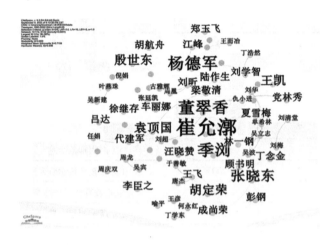

图3-2　1999—2022年三级课程发文作者分布情况

（3）三级课程研究的高频关键词词频统计

关键词是分析研究成果的一种常用方法，反映问题研究的关注点所在。从"三级课程"相关论文高频关键词词频统计来看，阈值不低于3次的关键词有43个（见表3-2）。其中"地方课程""三级课程"和"校本课程"是研究关注频次最高的话题，分别为40次、35次和31次，专家学者集中性关注"三级课程"这一研究内容与我国基础教育课程改革、教学改革有着密不可分的关系。如1999年国家颁布《中共中央、国务院关于深化教育改革全面推进素质教育的决定》，强调要"调整和改革现有课程体系，建立新的基础教育课程体系，试行国家课程、地方课程和学校课程。"❶ 2001年6月教育部颁布《基础教育课程改革纲要（试行）》，规定"改变课程管理过于集中的状况，实行国家、地方和学校三级课程管理，

---

❶ 何东昌．中华人民共和国重要教育文献1998—2002 [M]．海口：海南出版社，2003：288.

增强课程对地方、学校及学生的适应性。"● 标志着三级课程管理体制正式形成。综上都表明"三级课程"是课程改革的鲜明特征，也是学界开展相关研究的缘由之一。

表 3 – 2　1999—2022 年三级课程研究高频关键词词频统计表（频数≥3）

序号	频次	关键词	序号	频次	关键词
1	40	地方课程	23	4	课程建设
2	35	三级课程	24	4	课程结构
3	31	校本课程	25	3	中央集权
4	25	课程改革	26	3	体育
5	18	基础教育	27	3	分科课程
6	11	课程领导	28	3	基本理念
7	10	课程管理	29	3	学校体育
8	9	国家课程	30	3	开发
9	8	学校课程	31	3	成果导向
10	7	三级管理	32	3	教师
11	7	中小学	33	3	教材编写
12	6	义务教育	34	3	教育公平
13	6	新课程	35	3	普通高中
14	6	核心素养	36	3	校长
15	6	课程	37	3	理论依据
16	5	体育教师	38	3	精品课程
17	5	体育课程	39	3	终身学习
18	5	课程体系	40	3	综合课程
19	5	课程实施	41	3	评价
20	4	价值取向	42	3	课程整合
21	4	学科课程	43	3	课程标准
22	4	教育部			

关键词共现聚类分析是将关系紧密的关键词进行聚类和归纳，Cite Space 可视化分析工具会给每个关键词一个值，同一聚类中值最大的当选

● 教育部关于印发《基础教育课程改革纲要（试行）》的通知［EB/OL］.（2001 – 06 – 08）［2023 – 03 – 01］. http://www.moe.gov.cn/srcsite/A26/jcj_kcjcgh/200106/t20010608_167343.html.

为该类别的代表。1999—2022 年，三级课程研究关键词共现聚类图可以看出，地方课程、三级课程、校本课程、课程改革、三级管理、基础教育、课程体系、课程领导、综合课程、学科课程等是研究者关注的重点领域。上述关键词的突显均与我国基础教育课程改革的发展有着密切的关系，全面地反映了我国新课改以来研究的主要内容与成果。如图 3 - 3 中根据不同研究方向热点出现的频率、中心点积聚以及共现关系，其出现的字体越大，频次就越高，也表明研究主题的关注度越高，同时核心关键词之间均有网络联系和相互关联，这些交织的关键词共同勾画出三级课程的知识脉络。

图 3 - 3　1999—2022 年三级课程研究高频关键词共现聚类图

（4）三级课程研究的关键词时间线图谱分析

1999—2022 年，三级课程研究的关键词呈现鲜明的时间线特点，不同时期研究的热点和方向存在差异。研究发现，每一时间点研究重点和热点不尽相同。从整体的知识图谱来看可分为两部分，一是自左向右的横坐标轴，即历史时间，显示在下图的上端；二是自上而下的纵坐标轴，即研究热点，显示在图片的右侧，内容为课程改革、国家课程、三级课程、课程领导、三级管理、校本课程和综合课程，共 7 个研究热点的时间线，所涉及的关键词分布在不同的时间线上，横坐标轴与纵坐标轴共同构成我国三级课程研究的高频关键词聚类时间线视图（见图 3 - 4）。

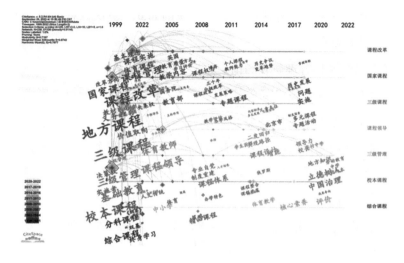

图 3 – 4　1999—2022 年三级课程研究高频关键词聚类时间线视图

从"三级课程研究高频关键词聚类时间线视图"来看，自 1999 年
《中共中央、国务院关于深化教育改革全面推进素质教育的决定》中提出
要"试行国家课程、地方课程和学校课程"后，热点的演化主要经历了四
大阶段。1999—2005 年是三级课程管理实施的研究萌芽阶段，出现地方课
程、三级课程、课程改革、国家课程、校本课程等研究维度，这与我国为
适应时代发展需要，不断深化教育改革，推进素质教育的总体目标密切相
关，通过对课程结构和内容的调整，实行三级课程管理，增强了课程对地
方、学校及学生的适应性；2006—2012 年是三级课程管理实施的快速发展
阶段，出现了教学内容、课程权利、课程体系、制度重建、教育质量等研
究维度，突出课程理论研究逐渐转向课程实践研究的取向，重点开始关注
三级课程管理的权力和职责划分等问题；2013—2018 年，三级课程管理实
施的研究整体关注度较低，涉及相关研究较少；2019 年至今三级课程的研
究进入了新阶段，这一阶段主要以促进学生全面发展为中心，以立德树
人、素质教育、核心素养、多元课程、专题活动为研究热点，三级课程进
入以培养学生核心素养为目标的新阶段。2022 年 4 月，教育部颁布《义务
教育课程方案和课程标准（2022 年版）》，提出要"努力构建具有中国特

色、世界水准的义务教育课程体系。"❶ 正因如此，三级课程的研究也进入课程改革的新阶段。

（5）三级课程管理研究的论文数量统计分析

通过采用可视化技术可全面深入探讨"三级课程"的热点形成与演化轨迹，从而挖掘未来发展趋势。本研究的主题是"三级课程管理实施"，从关键词时间线图谱可以看出，有多个高频词与其有关，如国家课程、地方课程、校本课程、三级课程、三级管理和课程领导等，这些关键词的出现频次较高。但通过中国知网（CNKI）检索发现，与本书主题直接相关的"三级课程管理"研究较少，为进一步反映三级课程管理研究论文数量的变化，了解其变化趋势和研究热度，本书对三级课程管理研究的论文发表情况进行了逐年分析（见图 3 - 5）。

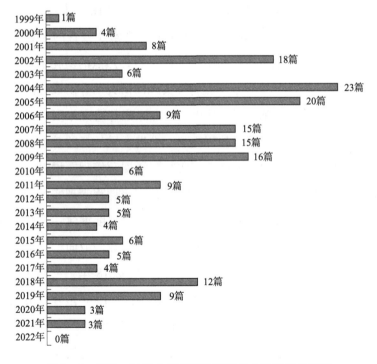

图 3 - 5 1999—2022 年三级课程管理发文数量总体趋势

❶ 中华人民共和国教育部. 义务教育劳动课程标准（2022 年版）［S］. 北京：北京师范大学出版社，2022：2.

1999 年到 2001 年课程政策文件相继颁布，学界开始关注"三级课程管理"的研究。选取 1999—2022 年这一时段，主要基于课程改革对三级课程管理研究所形成的动力机制与背景性因素方面的考量。分析这一时段内的发文量，能综合反应其理论高度与发展进程。如图 3 - 5 所示，随着时间的推移，"三级课程管理"研究的发展呈曲折发展态势，既有高峰又有低谷，综合反映了"三级课程管理"研究的起伏不定。总体来看，1999—2022，"三级课程管理"的文献资料数量较少，发文量共计为 206 篇，平均每年发表论文数量不超过 10 篇。其中，2001 年是教育改革的新起点，也是"三级课程管理"研究的新起点，发文量为 8 篇；2002 年到 2009 年，是"三级课程管理"研究的快速增长期，2004 年和 2005 年达到高峰期，每年的论文数量不少于 20 篇；从 2010 年开始，论文数量总体呈现下降趋势，论文每年平均仅有 5 篇左右，只有在 2011 年、2018 年和 2019 年论文量超出平均值。从上述期刊发表的数量情况来看，"三级课程管理"在 20 多年的课程改革与发展中未能得到充分落实，整体来看，发文量呈现减弱趋势，直至 2022 年 CSSCI 和北大中文核心期刊论文总数量为 0。由此可见，三级课程管理实施作为基础教育课程改革的亮点和难点，并未引起学界的重视，这也是本书研究这一主题的原因之一。

综上，在全面统计和分析 1999—2022 年我国三级课程及三级课程管理研究的发展趋势后，对三级课程管理实施的相关议题有了较为清晰的了解。在此基础上，本书将从三级课程管理的内涵、三级课程管理实施的现状与问题、三级课程管理实施的对策及三级课程管理若干主题等方面进行进一步梳理，为本研究提供借鉴。

（二）三级课程管理内涵的研究

深化教育改革的关键在于课程的改革，而课程的改革与创新保障在管理。课程管理在课程价值的达成过程中，起着承上启下的关键性作用。因此，研究课程管理，明晰三级课程管理的内涵，厘清相关概念的异同，是课程管理需要首先明确的问题。在阐释"三级课程管理"的内在含义之前，需要厘清课程政策、课程管理、三级课程管理体制的基本含义。

1. 课程政策

政策是一个多义语，有静止层面的理解，即政策文本；亦有动态层面的理解，即政策活动过程。对于课程政策的界定，一方面，较多研究者都存在一个共同的问题，即将课程政策简单地理解为课程管理政策，窄化了课程政策的内涵。如蒋建华认为"课程政策是教育领域中课程知识选择和管理的政治理念和具体措施。具体措施是课程政策的现象形态，政治理念是课程政策的本体形态"❶。国内较早研究课程政策的学者胡东芳认为，课程政策是"国家教育行政主管部门在一定社会秩序和教育范围内，为了调整课程权力不同需要，调控课程运行的目标和方式而制定的行动纲领和准则"❷。其实质也是将课程政策理解为课程管理政策。另一方面，学界对课程政策的理解提出了独到的观点。如蒋建华从决策说、指南说和权力分配说三方面对课程政策进行了解释❸。黄忠敬等从内容、计划、权力、过程、过程与结果结合等角度对课程政策的内涵进行了归纳，认为课程政策是"以政府和政党为代表的公共权力机构为了解决课程问题，实现一定的课程目标，通过一定程序制定的有关课程方面的行动方针、准则及相应的行动过程，其表现形式包括课程规划、课程纲要、课程标准、课程方案、教科书等文本形式以及相应的课程行动策略"❹。综合上述学者观点，可归纳为以下几个方面，其一，课程政策是一种行动的准则（行动纲领或路线）；其二，课程政策是为目标服务的；其三，课程政策的基本思想及其变革主要通过一定的课程计划、课程标准和教科书等变化来实现；其四，课程政

---

❶ 蒋建华. 知识·权力·课程：政策视野中的课程研究 [M]. 北京：教育科学出版社，2010：30.

❷ 胡东芳. 论课程政策的定义、本质与载体 [J]. 教育理论与实践，2001（11）：49 – 53.

❸ 蒋建华. 走向政策范式的课程研究 [J]. 北京大学教育评论，2004（1）：89 – 94.

❹ 黄忠敬，范国睿，杜成宪. 课程政策 [M]. 上海：上海教育出版社，2010：7.

策从制定到颁布再到实施有一定的程序。综上，课程政策是一个复合的概念，即课程和政策的组合，它是国家教育行政部门在一定社会秩序和教育范围内，为调控课程运行目的、目标和方式而制定的行动纲领准则。

2. 课程管理

从课程管理的词义分析，其包括课程和管理，是以课程为对象的一种管理活动。国内学界大都从课程编制的角度对"课程管理"进行解读，认为课程管理是对"课程编订、实施、评价的组织、领导、监督和检查"。❶从课程管理的主体来看，"狭义而言，是中央政府及各级教育主管部门对课程进行的决策、组织、领导、实施和评定的过程；广义地讲，就是中央、地方、学校、社区、家长、学生等共同对课程施加影响的过程。"❷从课程管理的对象来看，是对人、物资和课程等因素与条件的管理。"是在一定社会条件下，有领导、有组织地协调人、物与课程的关系，指挥课程建设与课程实施，使之达到预定目标的过程。"❸其中，课程管理受到社会生产力和社会经济制度因素、教育发展因素和社会精神文化影响，这三者相互制约着课程管理的质量和水平。从课程管理的内容来看，"课程管理研究包括了课程生成系统管理、课程实施系统管理，以及建立在两者基础上的课程评价系统管理。"❹从课程管理的目的与功能来看，"广义的课程管理是指实施国家对该教什么、如何教和如何评量的指令，以达成预期的效果。狭义的课程管理则指学校促进学习的内在措施，不仅指正式教学的过程，即组织知识、技能、态度，以便传递的形式，也包括如领域的、年级的或班级层次上促进学习的所有措施。"❺从课程管理的分类来看，"可以将课程管理分为课程行政管理和学校管理两个方面，前者是国家（政

---

❶ 顾明远. 教育大辞典 [Z]. 上海：上海教育出版社，1986：201.

❷ 张相学. 学校如何管理课程：主体论视野下学校课程管理的思考 [D]. 南京：南京师范大学，2006：28.

❸ 廖哲勋. 课程学 [M]. 武汉：华中师范大学出版社，1991：328.

❹ 唐德海. 大学课程管理的理论与方法研究 [M]. 北京：中国科学技术出版社，2002：2.

❺ 欧用生. 课程典范再建构 [M]. 台北：丽文文化出版社，2003：95.

府）对课程行政的管理，包括立法、课程政策制定、课程标准的颁布、教科书的审定、学校课程实施和评价的监督。后者包括学校课程日常管理和学校课程领导。"❶ 综上，"课程管理"的定义，无论从内涵还是外延来看，各研究者对课程管理的诠释各不相同，主要表现为对课程管理主体与层次理解上的不同。简单来说，"课程管理"就是对课程的管理。它具有宏观与微观之分，宏观的课程管理即课程行政管理，包括中央和地方的课程管理；微观的课程管理即学校层面的课程管理，包括学校课程管理和班级管理。

3. 三级课程管理体制

在文献资料中，课程管理制度多从宏观上进行理解，即课程管理体制。"是由国家司法部门或教育行政部门，以法规或文件的形式对课程管理的主要内容所做出的规定"，"有怎样的课程管理制度就有怎样特点的课程，课程管理制度直接制约着课程的变革和课程的编订"。❷ 我国三级课程管理体制这一概念，最早由吕达先生提出。1989 年，吕达先生在赴英国对中小学课程改革进行专题考察后，在《课程·教材·教法》杂志发表的论文中提出"三级课程""三级课程管理"概念。之后，在 1999 年国家颁布的《中共中央、国务院关于深化教育改革全面推进素质教育的规定》和 2001 年《国务院关于基础教育改革与发展的决定》中指出，实行国家、地方、学校三级课程管理，正式在官方文件中提出"三级课程管理"。同年 6 月，教育部颁布《基础教育课程改革纲要（试行）》，规定"为保障和促进课程对不同地区、学校、学生的要求，实行国家、地方和学校三级课程管理，增强课程对地方、学校及学生的适应性"❸，标志着三级课程管理体制正式形成。三级课程管理体制的载体表现为国家课程、地方课程、校本

---

❶ 彭虹斌. 新课程背景下的校长课程管理 [J]. 课程·教材·教法，2005 (11)：10 – 14.

❷ 白月桥. 课程变革概论 [M]. 石家庄：河北教育出版社，1996：162.

❸ 教育部关于印发《基础教育课程改革纲要（试行）》的通知 [EB/OL]. (2001 – 06 – 08) [2023 – 03 – 01]. http：//www. moe. gov. cn/srcsite/A26/jcj_kcjcgh/200106/t20010608_167343. html.

课程。其中，"国家课程代表了国家意志，是一个国家基础教育发展的引航者；地方课程是国家课程在地方实施过程的成功调整，是课程由正式的课程向运作的课程有效转化的变形；学校课程是真正落实为经验课程的地方，其间不仅能满足学生的发展需要，还能够促进教师的专业发展。"❶ 此外，从三级课程的关系来看，有学者认为"我国的课程计划国家级课程应占50%，省市级占30%，县校级占20%"❷，在一定意义上确认了课程权力的再分配，也就是如何协调好国家、地方、学校三个权力主体之间的关系。体现课程的统一与多样、标准与特色的特征，共同形成我国基础教育的课程整体，分别为学生发展和社会发展承担着各自不可替代的责任。

4. 课程管理的意涵辨析

为准确诠释课程管理的含义，有必要辨析一下课程管理与教学管理、课程领导的异同，从而厘清含义与差别，认识概念背后的影响因素，指导我国课程实践。

（1）课程管理与教学管理

随着课程概念从教学概念中分化独立出来，原来广泛使用的"教学管理"概念已不足以解释课程问题，由此课程管理概念便应运而生。"在我国20世纪90年代初编写的课程论著作中，课程管理问题就已经进入研究者的视野，课程管理理论成为课程论的重要组成部分。"❸ 然而，真正对课程管理研究予以重视与我国三级课程管理体制的建立有关，三级课程体制的实行，标志着我国课程管理观从过去的大教学观（教学包含课程）转向大课程观（课程包含教学），课程管理体制也从过去的"教学管理"转向"课程管理"。❹ 此外，从词义本身理解，课程管理与教学管理是两个互为关联的概念，如同课程与教学一样，两者之间存在着明显的交叉与重叠，

---

❶ 李志超. 三级课程管理的权力运作研究［D］. 重庆：西南大学，2013：32.

❷ 白月桥. 课程变革概论［M］. 石家庄：河北教育出版社，1996：419.

❸ 廖哲勋. 课程学［M］. 武汉：华中师范大学出版社，1991：328.

❹ 彭虹斌. 新课程背景下的校长课程管理［J］. 课程·教材·教法，2005（11）：10–14.

教学管理不能孤立于课程之外，课程管理也不能自立于教学之外。课程管理是以课程为逻辑起点，包括从课程的编制到课程的实施与评价的"静态"与"动态"相互交融的生成过程。教学管理则以教学活动为主要管理对象，是学校、教师和学生共同参与教学内容的研发与管理的活动过程。由此可以理解为，学校承担着课程管理与教学管理的双重角色。

（2）课程管理与课程领导

目前，学术界对课程领导的定义也是见仁见智。从词义学的角度分析，领导有两个含义。"一是带领并引导朝一定的方向前进，二是指担任领导的人。"[1] 此外，有学者提出，"课程领导是课程领导者发挥影响力和信赖权威，促进成员彼此合作，落实课程发展的行为和历程"[2]。那么，课程管理与课程领导之间的关系如何定义呢，基于文献梳理，主要有以下几种观点。第一，两者是互相替代，可通用的。"课程管理与课程领导是两个相近的概念，其内涵并无本质差异，只是强调的侧重点有些不同。"[3] 第二，课程管理是比课程领导更大的概念。"课程领导的研究也是从课程管理的研究中分离出来成为课程理论研究的一个新兴领域。"[4] "课程领导属于课程管理范畴，是课程管理的重要职能。课程管理的领导职能是使整个管理过程中其他职能得以实现的起主导作用的推动力量。"[5] 李定仁、廖哲勋及田慧生、段兆兵四位学者均认同这一观点。第三，靳玉乐、徐君等学者认为，两者是具有完全不同价值取向的管理模式，有各自的执行系统和独立话语。"课程领导是一种有别于课程管理的新的管理观念，两者在权力主体、实施、决策及推行、教师观、沟通模式、动力来源等方面表现出

---

[1] 汉语大词典：第8卷 [M]. 北京：汉语大词典出版社，1991：1202.

[2] 钟启泉. 课程论 [M]. 北京：教育科学出版社，2007：257.

[3] 季诚钧. 课程管理与课程领导辨析：兼与靳玉乐先生商榷 [J]. 教育研究，2009（3）：98–102.

[4] 李定仁，段兆兵. 试论课程领导与课程发展 [J]. 课程·教材·教法，2004（2）：3–7.

[5] 廖哲勋，田慧生. 课程新论 [M]. 北京：教育科学出版社，2003：454.

明显的差异"。❶"传统意义上的课程管理侧重于自上而下地'监管'和
'控制',较多地考虑管理中的技术因素,是一种分层组织式的管理模式。"
"而课程领导注重和谐环境的塑造和相互作用过程的创立,注意发挥下级
领导和全体教职工的积极性和能动性,充分依靠教职工的智慧,切实发挥
教职工的潜能。"❷ 第四,课程领导是课程管理概念的发展。张华认为"强
调对既有课程体系和教育制度的变革与创新,强调所有课程利益相关
者"。❸ 综上,课程管理与课程领导两个概念的产生有着先后顺序,"课程
管理的概念是从传统的教学管理理论中演化而来,课程领导则是在课程改
革与反思的背景下应运而生,课程管理概念先于课程领导而存在。"❹ 由
此,两者之间存在着明显的交叉与重叠。在立足于我国课程理论与实践理
论的前提下,课程管理应是我国课程理论与实践发展的主导观念,而课程
领导是对课程管理理论研究的扩展与丰富,是观念和理念的更新与转变。

综上,三级课程管理是有关部门、人员对国家课程、地方课程、学校
课程各运行环节所采取的规划、指导、决策、监督、协调等措施。国家、
地方、学校三级课程彼此关联、相互配合,在明确三级课程主体、依据、
职能、方式及成效的运作过程中采取行动与措施,从而达成理想的课程目
标,实现立德树人的根本任务。

(三) 三级课程管理实施现状与问题的研究

随着课程改革的不断深入推进,部分研究者将目光转向课程管理实施
现状与问题的研究,近年来相关研究主要集中在以下几方面。一是国家课
程基本开足开齐,部分学科未按国家规定开设。田丽、隋人珠基于 4 省 13

---

❶ 靳玉乐,赵永勤. 校本课程发展背景下的课程领导:理念与策略 [J]. 课程·教材·教
法, 2004 (2): 8-12.
❷ 徐君. 从课程管理到课程领导:课程发展的必由之路 [J]. 课程·教材·教法, 2005
(6): 10-12.
❸ 张华. 论课程领导 [J]. 教育发展研究, 2014 (2): 1-9.
❹ 季诚钧. 课程管理与课程领导辨析:兼与靳玉乐先生商榷 [J]. 教育研究, 2009 (3):
98-102.

个市县的 35 所义务教育阶段学校展开了三级课程实施情况的调查，初步反映了当前部分地区三级课程实施的基本现状。研究指出"各校都非常重视语数外三科教学，开齐开足，甚至数学、语文两科已超出国家规定的课时比例；综合实践活动和科学课程开设不好，受到安全、资源、经费等因素制约，而多数学校都没有达到国家规定的课时比例；音乐、体育、美术三科开设情况艰难，缺少专业师资，部分地区存在跨学科教学音体美现象"。❶ 王标、宋乃庆对西南农村地区的调查研究中指出，"总体上义务教育阶段国家课程能做到开齐课程，开足课时，但小学，尤其是村小，专业教师比较缺乏，特别是音、体、美、科学等课程，一般都是语文、数学教师兼任"。❷ 二是地方课程开设良莠不齐，普遍反映课时不够。李迪在地方课程实施的研究中，从课程实施所用资源、课程实施主体、课程实施组织方式、校长与教师角色和行为的转变、知识与理解的转变、价值内化、教学技术转变、教师的态度和情绪变化等方面分析了目前黑龙江地方课程实施的基本现状。在调查研究中发现，"在中小学地方课程开设上整体情况良好，调查的情况中反映出小学阶段开设地方课程的学校能达到 87.90%，中学能达到 86.49%。但是，中学的情况则不是很乐观，受中考的影响，86.49% 开设课程的中学基本不能保证开足、开齐课程"。❸ 曹石珠、张传燧认为，"在地方课程开发与实施中出现了一些倾向，如课程价值取向的唯地方化、课程开发主体的单级化、课程形态的学科化、课程资源的文本化、教学方式的课堂化、课程目标的片面化、课程评价的单一化、课程开发的泛化、课程设置的表面化等。"❹ 三是校本课程开设内容丰富、类型多样。文献表明，全国中小学基本上都开发了校本课程，以之作为基础教育

❶ 田丽，隋人珠. "三级课程"今如何？——基于部分省市义务教育阶段三级课程实施情况的实证调研 [J]. 基础教育课程，2017（21）：30－37.

❷ 王标，宋乃庆. 西南农村地区义务教育三级课程实施现状、问题与对策 [J]. 西南大学学报：社会科学版，2012（4）：53－62，174.

❸ 李迪. 黑龙江地方课程实施研究 [D]. 哈尔滨：黑龙江大学，2015：34.

❹ 曹石珠，张传燧. 地方课程开发实施值得关注的几种倾向 [J]. 中国教育学刊，2005（3）：23－26.

课程体系的重要组成部分。首先,课程类型多样。以学科延伸拓展类、综合实践活动类、兴趣个性发展类课程居多。其次,校本课程开设质量的城乡、区域、校际差异显著。东部地区、发达地区的课程质量优于西部和欠发达地区,如与湖南省、广西壮族自治区比较,经济相对发达的北京市与山东省学校的校本课程开发能力明显较强。再次,校本课程资源多样化。大部分学校能够整合学校、社区、家长等课程资源,课程动态开放性程度增强。最后,课程管理制度逐步建立,走向规范。部分省专门出台关于校本课程建设的文件或在相关文件中对校本课程做出具体规定要求,如对校本课程专门出台文件的有吉林省、上海市、四川省、湖北省、广东省等,在北京市、辽宁等省发布的课程文件里对校本课程建设有明确规定。近年来,许多学校也对校本课程的开设与实施制定相关规划、方案、制度和实施机制。

　　三级课程实施存在的问题主要表现在以下四个方面,一是课程教材开发的规范性、科学性不强。相关研究也表明,有些地方课程在其开发与实施中出现了一些倾向,如"当前我国学校教育对传统文化的重视不够,课程中反映传统文化的内容很少,远远不能满足人们对传统文化教育的期望。教育之中中华民族传统文化教育的缺位,表现最严重的是少数民族传统文化的缺位"。❶ "地方课程开发中对地方课程内涵界定尚不清晰,缺乏准确有效的概念辨析;承载欠妥,文化内容过滤与设防不够妥当;文化伦理地位低下,缺乏必要的关注和重视;发展路径描摹国家课程建设思路,背离地方课程的本质和特色"。❷ "从课程规范性上看,有些地方课程缺失必要的课程要素,还不具备课程的意义,课程品质亟待提升"。❸ 二是地方课程校本课程与国家课程内容重复较多,门类不一。《义务教育课程方案

---

　　❶ 张学强,许可峰. 论"多元一体教育"的实质与我国民族教育的出路 [J]. 贵州民族研究, 2007 (5): 132 – 137.

　　❷ 王凯. 地方课程发展困境的文化学审视及可能突破 [J]. 教育发展研究, 2011 (10): 41 – 46.

　　❸ 成尚荣. 地方课程的发展检视与时代再建构 [J]. 课程・教材・教法, 2020 (4): 4 – 9.

和课程标准（2022 年版)》对地方课程的内容主题和育人导向提出明确要求，即要"充分利用地方特色教育资源，注重用好中华优秀传统文化资源和红色资源，强化实践性、体验性、选择性，促进学生认识家乡，涵养家国情怀，铸牢中华民族共同体意识"。❶ 现有的地方课程门类数量上庞杂，课程内容上与国家课程重复较多（如部分省开设的识字、法治、心理健康等课程），真正能体现"充分利用地方特色教育资源，注重用好中华优秀传统文化资源和红色资源"的课程内容明显不足，已开发的地方课程内容无法有力支撑实现"促进学生认识家乡，涵养家国情怀，铸牢中华民族共同体意识"这一独特育人价值目标。三是课程实施水平不高，被挤占现象严重，甚至流于形式。王标、宋乃庆通过对西南地区（云南、贵州、四川、重庆、广西）农村义务教育学校调查发现，"教师课程观念与课改目标不契合；课程内容依然存在"繁""偏"等现象，不适宜现在的教育发展需要；课程评价与课程标准的目标要求不匹配；教师队伍及素质与三级课程的实施不协调；课程资源的缺乏，严重影响课程的有效实施。"❷ 周庆双、罗生全对重庆市中小学校的调查发现，"由于地方部门及学校的僵化执行，以及受传统课程思想的桎梏，使得地方课程背离了满足不同地区及学校学生需求的政策理念"。❸ 四是课程实施的条件保障乏力。课程的顺利实施需要人力、财力、制度、评价、研究等全方位的系统保障。从目前的研究情况来看，课程实施的条件保障情况在各地虽有差异，但缺教师、缺经费、缺制度、缺指导、缺评价、缺激励的情况普遍存在。一项面向教师、学校行政人员和教研员的调查发现，"师资匮乏；教学评价机制尚未建立或健全；教学资源不足；培训指导欠缺；教育主管部门、学校领导教

---

❶ 中华人民共和国教育部. 义务教育课程方案（2022 年版）［M］. 北京：北京师范大学出版社，2022：6.

❷ 王标，宋乃庆. 西南农村地区义务教育三级课程实施现状、问题与对策［J］. 西南大学学报：社会科学版，2012（4）：53 – 62，174.

❸ 周庆双，罗生全. 基础教育三级课程实施的问题与建议：基于对重庆市部分中小学的调研分析［J］. 教学与管理，2013（31）：34 – 35.

师对地方课程实施认识不充分"。❶ "学校或上级没有能够保障地方课程实施的完整机构或部门，地方对学校三级课程的监察力度缺乏，也缺乏强大的管理队伍，帮助地方和学校处理地方课程实施中容易发生的与学生人身安全相关的意外事件。地方课程实施中缺乏来自上级教育行政部门的管理支持和专家的系统指导，导致地方和学校盲目实施。同时捉襟见肘的资金储备使很多学校，特别是农村学校，完全难以支持校外活动开展、校本课程编写、教材印刷过程中产生的昂贵费用。在分数至上的课程评价方式依旧，且不与工资或福利挂钩的情况下，参与地方课程和校本课程的开发实施使得教师叫苦不迭、不堪重负"。❷

（四）三级课程管理实施对策的研究

部分学者针对三级课程实施的现状和问题进行了分析，提出了相应的解决对策，但总体文献较少，主要集中在地方课程管理的研究上。

从国家课程管理层面来看，"课程管理总体上是一种高度统一的格局"，主要体现为"国家规定必须开设的课程门类太多、教学时间进行了相对严格的要求、教学目标与教学要求太高"❸。

从地方课程管理方面来看，据教育部教材局 2021 年 11 月的统计，目前共组织开发编写地方课程教材 595 套，3445 册，课程门类主题由多到少分别为，专题教育类占比 37.5%，学科拓展类占比 28.1%，地方人文类占比 13.4%，综合实践类占比 12.1%，教辅材料类占比 8.9%。关于地方课程管理的问题及成因，谭娟晖认为，我国地方课程开发存在意识淡薄、教师课程素质欠佳、地方课程资源不足、地方课程实施欠缺、地方课程评价滞后五个方面。❹ 成尚荣认为，当下地方课程规划、开发、实施以及管理

---

❶ 焦蒲，冯忠跃. 四川省义务教育地方课程实施现状调研报告 [J]. 教育科学论坛，2012 (4)：73 - 75.

❷ 周庆双，罗生全. 基础教育三级课程实施的问题与建议：基于对重庆市部分中小学的调研分析 [J]. 教学与管理，2013 (31)：34 - 35.

❸ 成尚荣，彭钢，张晓东. 课程管理：问题与对策 [J]. 江苏教育，2002 (8)：20 - 22.

❹ 谭娟晖. 我国地方课程开发的困境与对策 [D]. 桂林：广西师范大学，2005：26 - 29.

中存在以下几方面的问题。从课程地位上看，地方课程在基础教育课程体系中是个薄弱环节；从导向上看，地方课程刻意追求地方特色，在价值取向上还不够准确；从课程定位上看，对地方课程的两种属性还没有从整体上把握好；从课程规范性上看，有些地方课程缺失必要的课程要素，还不具备课程的意义，课程品质亟待提升。❶

基于上述情况，各学者对有效实施地方课程提出以下对策建议。谭娟晖认为，走出地方课程困境的对策可从加强对地方课程的管理、树立正确的课程观、培养教师的课程开发能力、合理地选择和组织地方课程资源、改进地方课程的实施、科学地进行地方课程评价六个方面进行。❷ 郭元祥、刘旭东、柳夕浪、成尚荣等学者对关于地方课程管理的对策提出以下建议。一是加强对地方课程价值功能定位的研究和认识，❸ 二是明晰地方课程管理主体的职责与任务，三是明确地方课程开发的规范性要求，❹ 四是探索地方课程多样化的实施方式。❺

从学校课程管理方面来看，存在学校课程管理政策体系的宏观化、形式化、科层化，导致难以达到预期的目标。❻ "学校课程管理意识淡漠、多依赖行政手段、领域过于狭窄及领导和教师角色限于控制和执行"。❼

（五）三级课程管理实施若干主题的研究

1. 有关课程管理职责的研究

当前关于课程管理主体的研究，主要以三级课程管理体制为主，各参与主体各司其职。为促使教学效能最大化，就必须明确自己的权责范围。

---

❶ 成尚荣. 地方课程管理和地方课程开发 [J]. 教育研究，2004（3）：67-71.
❷ 谭娟晖. 我国地方课程开发的困境与对策 [D]. 桂林：广西师范大学，2005：30-35.
❸ 郭元祥. 关于地方课程开发的几点思考 [J]. 课程·教材·教法，2000（1）：6-8.
❹ 柳夕浪. 地方课程管理：地位、作用与策略 [J]. 课程·教材·教法，2001（11）：15-19.
❺ 成尚荣. 地方课程管理和地方课程开发 [J]. 教育研究，2004（3）：67-71.
❻ 周海银. 学校课程管理问题的政策分析 [J]. 课程教学研究，2012（10）：15-17.
❼ 杨中枢. 学校课程管理研究 [D]. 兰州：西北师范大学，2004：17-22.

基础教育课程的管理与开发，总体上应实行"以省为主，分级管理，社会参与"的体制，既要明确地方对基础教育课程的决策权、调整权、统筹权和管理权，又要相对划分省、地、县的管理职责。❶ 此外，学者屠莉娅对我国课程管理政策主体进行了更加具体的分类❷（见表3-3）。

表3-3　三级课程管理职责分配表

类别	内　容
国家课程管理	1. 指导课程改革合理有序开展，制定相应的基本教育培养目标，根据要求拟定基本的课程框架，设立基本的教学大纲或课程标准；2. 提供一定的专业支持和方向引导；3. 制定相关的课程评价和监控体系；4. 颁布一系列地方、学校课程管理指南，保障课程能够在各组织层面上合理开发；5. 关于教科书的编审、使用与评价，也做出相关说明，争取做到和市场有效衔接；6. 教学管理工作要坚持跟踪研究、定期检查，能够以书面报告的形式公布于社会
地方课程管理	1. 贯彻执行好由国家制定的基本课程标准和课程计划，以本地政治、经济、文化等现实发展需要为依据，针对不同教育阶段，分类别制订课程计划，自主开发出地方课程，并确保落实；2. 指导学校制订适合于学校发展的课程计划；3. 实时监控本地中小学的教学、测评、课程资源开发和利用等基本情况，并能够及时发现其中存在的问题，并在第一时间予以解决；对于学校编订的校本课程，能够及时做出审议和反馈
学校课程管理	1. 围绕学校软硬件教学资源和师资配备，合理制订具体的学校学年课程实施方案，报教育厅等相关部门备案；能够自主选用适合本校的国家或地方编审的教科书；2. 能根据学校课程管理指南，自主开发校本课程；3. 能向上级领导及时反映课程实施中遇到的实际问题；能及时监测包括教学、评价在内的课程实施管理情况

2. 有关课程管理政策的改革方向

关于国家一级课程管理层面，人们比较关注国家课程管理政策的改革问题。如"课程管理体制改革的关键，是课程管理权的重新划分。分权的

---

❶　王宝玺. 地方课程政策研究 [D]. 重庆：西南师范大学，2003：26.

❷　屠莉娅. 隐形的对抗：课程分权管理中的困境与启示 [J]. 当代教育科学，2007（12）：12-15，18.

策略是将课程管理权先作横向的分解，然后再进行纵向的分配"❶，"制定课程管理的规章制度要注意以下两点，首先，要从课程管理的整体出发，使各级课程管理的权力得到充分体现，该哪一级管的事项由哪一级制定制度，使每个环节都有章可循；其次，要通过规章制度协调课程系统中各要素间的关系，充分发挥它们各自的功能，防止出现统得过死的现象"❷。这些研究不但为我国义务教育国家一级的课程管理政策的改革和调整做了必要的理论准备，而且极大地拓展了我国课程理论研究的领域。国内学者还就不同层级课程管理的权限划分做了深入探讨。崔允漷分别从"国家、地方和学校三级提出了各自在我国基础教育课程管理中所承担的角色和职责"❸。钟启泉等在《为了中华民族的复兴，为了每位学生的发展：〈基础教育课程改革纲要〉解读》一书中根据我国第八次基础教育课程改革的新要求，对国家、地方和学校三级权力主体在课程管理中的权力与职责做了更加具体详尽的论证。❹

关于地方一级课程管理层面，学界对课程管理的地位、作用和策略问题进行了研究。成尚荣认为"地方和学校的关系集中表现在地方对学校课程的管理上。服务与支持是地方在基础教育课程管理中的角色定位。地方对学校课程的管理重点应放在过程和质量上。地方要实现对学校课程的有效管理，需追求一种精神力量和制度设计"❺。

关于学校一级课程管理层面，郝志军认为，"要按照核心素养的目标要求，遵循课程基本原理，合理整合国家、地方、校本三级课程内容和结构，梳理分析学科间、学科内、校内外课程内容和资源，逐步形成符合学

---

❶ 郭继东. 我国课程管理体制改革刍议 [J]. 教学与管理，1998 (7，8)：3-6.

❷ 李慧君. 我国课程管理的主要问题及改革建议 [J]. 课程·教材·教法，1998 (7)：31-34.

❸ 崔允漷. 略论我国基础教育课程政策的改革方向 [J]. 教育发展研究，1999 (9)：32-34.

❹ 钟启泉，崔允漷，张华. 为了中华民族的复兴，为了每位学生的发展：《基础教育课程改革纲要》解读 [M]. 上海：华东师范大学出版社，2001：355.

❺ 成尚荣. 为学校服务：地方对学校课程管理的本质 [J]. 课程·教材·教法，2003 (2)：1-4.

校办学理念和育人目标的、具有学校特色的课程构架和课程设置方案，推动中小学课程体系的科学化、优质化和多样化。"❶ 钟启泉从课程标准、课程编制、课程实施、整顿课程实施条件及课程评价五方面阐述了学校课程管理的内容，❷ 并对学校的课程管理和教学管理做了比较分析，认为两者属于不同的管理系统。

3. 有关课程领导力的研究

学校课程管理研究的深入，使人们意识到课程领导是课程管理的重要实践方式，它对提升学校课程管理的品位和效果具有重要的意义。我国课程领导研究起步较晚，在短短的几年时间里，已经有了初步积累，并形成比较集中的研究问题。自 2002 年起，在《全球教育展望》《课程·教材·教法》《教育研究》《外国教育研究》等刊物上相继发表了有关课程领导力的科研论文，研究内容主要集中在课程领导的内涵、问题、途径与策略等方面，并逐步成为我国课程研究的热点之一。特别是对校长在课程领导中的角色、职责和所需的专业能力进行了深入研究。如钟启泉认为，课程领导这一概念主要表现为意在摆脱历来的"管理"思想：自上而下的官僚体制的"监控""管制"。亦强调诉诸学校自身的创意和创造力，将日常课程实践活动作为自身的东西加以创造性地实施。❸ 靳玉乐认为，课程领导与课程管理的含义具有交叉关系，但在权责和组织关系上内涵不同，"从组织学和社会学可以看出，课程领导的使用不仅仅是一种术语上的改进，更重要的是体现了一种民主、开放、沟通、合作的管理新理念。"❹ 马云鹏等人通过对一些农村地区学校的调研，总结出"校长在课程领导方面存在领导作用发挥不够、领导方向有失偏颇、领导策略重教师忽视学生、重校

---

❶ 郝志军. 基础教育课程改革反思与推进建议 [J]. 西北师范大学学报：社会科学版，2017 (5)：99 – 104.

❷ 钟启泉. 现代课程论 [M]. 上海：上海教育出版社，1989：370 – 374.

❸ 钟启泉. 从"课程管理"到"课程领导"[J]. 全球教育展望，2002 (12)：24 – 28.

❹ 靳玉乐，赵永勤. 校本课程发展背景下的课程领导：理念与策略 [J]. 课程·教材·教法，2004 (2)：8 – 12.

内忽视校外等问题"。❶ 张廷凯根据我国学校自身的状况，提出现实革新的课程领导发展路向应该重点放在学校的教育哲学和课程实施策略、学校课程与教学的整合、学校组织的重组和行为优化以及评价制度和方式几个方面。❷ 综上，课程领导理念强调领导者课程与教学方面的专业影响力对于课程发展的意义，主张建构能与所属成员沟通、合作的组织机构，倡导引导和激励而非控制和监管的组织行为，注重依靠教师的专业发展实现课程目标。这些极具号召力和时代特色观点的提出，使我们看到了学校课程管理改革的努力方向。由此，进行中小学课程管理相关问题的探讨是深入课程理论研究和课程管理研究的需要。

4. 有关课程管理模式变革的研究

课程管理模式的研究主要集中在三个方面，即由上而下的政策执行模式、由下而上的政策执行模式和整合型政策执行模式。由上而下的政策执行模式成为第一代政策执行模式，由下而上的政策执行模式被称为第二代政策执行模式，整合型政策执行模式是当前政策执行正在努力探索的模式——我国基础教育课程改革提出的三级课程。除对课程管理执行模式进行研究外，学界还对课程政策执行的影响因素进行了探讨。在已有研究中，有学者指出"政策本身、执行主体、目标对象和执行环境影响课程政策执行"❸，"课程政策本身、执行主体、执行环境和资源、监督机制是重要影响因素"，❹ 也有学者认为"主要是社会因素（包括政治因素、经济因素和文化因素）、课程系统因素（包括结构因素和行动因素）和课程政策

❶ 马云鹏，王波，严劲松. 谈新课改下农村中小学校长的课程领导 [J]. 教育理论与实践，2005 (5)：44 – 48.
❷ 张廷凯. 革新课程领导的现实意义和策略 [J]. 课程·教材·教法，2004 (2)：13 – 18.
❸ 赵正新. 关于我国课程改革政策执行力的研究 [D]. 上海：华东师范大学，2005：26 – 36.
❹ 刘德芝. 我国当前基础教育课程政策执行的研究综述 [J]. 常州工学院学报：社会科学版，2010 (4)：106 – 109.

自身的因素（包括课程政策的合法性和课程政策的传统）"。❶ 由此，政策本身、执行主体和执行环境成为影响课程政策执行的主要因素。

二、国外三级课程管理的研究动态

世界各国和地区都将课程作为提高人才培养质量的关键，把课程改革放在基础教育改革的突出位置。"而体现国家、地方教育当局或是专业团队为意图的课程政策是影响学校课程改革的重要因素"。❷ 当今世界已处于全球化、信息化、知识化的境遇，课程改革的发展离不开对世界的了解。由此，探讨和比较国外义务教育课程管理的主要经验与做法，以期对我国课程管理的实践和理论研究提供有益的启示和借鉴。

（一）课程管理内涵的相关研究

在课程管理的理论研究中，许多学者从课程管理所涉及的主要层面揭示了课程管理的主要内涵。迈克尔·富兰（Michael Fullan，2004）提出了教育改革三级论的概念，认为"三级论是指教育体系的根本性转变需要在三个不同的等级内以及各等级之间的相互作用中进行（创造新的技能）。这三个等级分别是学校、学区和州。"❸ 埃弗阿德和莫里斯（Everard，Morris，1985）认为，课程管理包括了三个方面，分别为人的管理、组织的管理和课程发展的管理。其中，人的管理主要涉及管理技能开发、培养以及动机的激发；组织的管理是指如何构建以分享式决策、顺畅的信息流通等

❶ 杨道宇. 中国课程政策研究的回顾与反思 [J]. 河北师范大学学报：教育科学版，2011（6）：27-31.

❷ Robert F. McNergny, Joanne M. McNergney. The Practice and Profession of Teaching [M]. Boston: Pearson Education, Inc. , 2007.

❸ 迈克尔·富兰著. 变革的力量——深度变革 [M]. 中央教育科学研究所、加拿大多伦多国际学院，译. 北京：教育科学出版社，2004：54.

特质的组织制度；课程发展管理是前两者的目的所在。❶ 英国学者戴·约翰逊和惠特克（Johnston. D，Whitaker，1985）等提出，课程管理的层面、任务和类型往往受到国家行政体制和社会文化因素的影响而有不同，但课程管理的重点不外乎课程计划的管理、课程实施的管理以及课程评价的管理三个方面。❷ 弗瑞德·C. 论恩伯格和阿兰·C. 奥斯坦（Fred C. Lunenburg，Allan C. Ornstein，2003）确定了分析学校课程管理的一种有效的参考框架，将课程研制分为行为模式、管理模式、系统模式、人本主义模式以及非技术模式。❸ 综上，关于课程管理的内涵，大多数情况下研究者是根据研究的具体问题强调了课程管理的不同。

（二）课程管理机制的相关研究

"课程管理体制与国家的政治体制有着内在联系。从世界范围来看，主要有三种类型或者说三种模式：一是国家权力模式，决定课程的权力主要在国家，国家负责全国的所有课程；二是地方权力模式，决定课程的权力主要在地方，由各个地方政府分别承担；三是学校（校本）权力模式，决定课程的权力主要在学校，由学校承担本校课程的实施。"❹ 当前，在"世界范围的教育改革"❺ 中，各国三级课程管理的实施都趋向于三级课程管理制度。李敏以"世界各国课程管理模式的变革为对象，选取了分别以美、英、俄、瑞士为代表的地方分权制和中央集权制两种管理模式变革的措施，由此得出世界课程管理模式正由三级分立走向三级整合的结论。"❻

---

❶ Everard，K. B，Morris. G. Effective School Management［M］. London：Harper and Row1，1985：92.

❷ Day C. Johnston D，Whitaker P，Managing Primary School：A Professional Development AP - proach［M］. London：Harper and Row，1985：68.

❸ Fred C. Lunenburg，Allan C. Ornstein. 教育管理学——理论与实践［M］. 孙志军、金平、曹淑江等译. 北京：北京轻工业出版社，2003：386 - 392.

❹ 黄忠敬. 课程政策［M］. 上海：上海教育出版社，2010（9）：81.

❺ 迈克尔·富兰著. 变革的力量——深度变革［M］. 中央教育科学研究所、加拿大多伦多国际学院，译. 北京：教育科学出版社，2004：序1.

❻ 李敏. 从三级对立走向三级整合的世界课程管理模式［J］. 全球教育展望，2004（6）：28 - 30.

虽然整体而言，可以把各国的课程管理体制归纳为三级体制，但具体形式呈现出多样化特征。如美国、加拿大、英国、芬兰、俄罗斯、日本均有明确的三级课程管理机制。

1. 美国的课程管理：分权与现代化

长期以来，美国各州可根据实际情况设置课程标准进行教学，引发了各种问题。由此，以美国中小学教育质量调查委员会提出题为《国家在危机中：教育改革势在必行》（*A Nation at Risk：for Educational Re - form*）的报告为起点，先后颁布了《美国 2000 年教育战略》（*America 2000：an Education Strategy*）（1991 年）《2000 年目标：美国教育法》（*Goal 2000：An Educate America Act*）（1994 年）和《不让一个孩子掉队法案》（*No Child Left Behind：A Blueprint for Education Reform*）（2002 年）等教育法案，致使美国学校课程从"全国性共同标准""州共同标准"和"学区共同标准"的多层级系统转向"全国性共同标准的制定"。❶ 直到《每一个学生成功法案》（*Every Student Succeeds Act*）（2015 年）的颁布，才使"教育权利再次从联邦政府回到了地方"，标志着"一个时代的终结，即联邦政府咄咄逼人似的控制公立学校成绩的时代的终结，从而将控制权归还各州和地方学区。"❷ 最终形成国家建议、州级标准、学区决策、学校实施的一体化管理体制。与此同时，美国在管理手段上，使用了"e - gov 的电子平台，建立每一个学生从学前教育—小学—中学—职场的学生成长数据库，实现了教育管理落实到人，对学生档案的调取和管理以及观察具有便捷性和很大的灵活性。"❸

❶　杨燕燕. 国外课程改革政策及其价值取向［M］. 杭州：浙江大学出版社，2010：75.
❷　高原. 美国当代标准化测试的命运与教育权利的转移——从《不让一个孩子掉队法案》到《每一个学生成功法案》［J］. 课程·教材·教法，2016（9）：121 - 127.
❸　和学新. 课程改革：新世纪的国际视野［M］. 北京：中国社会科学出版社，2018：27.

2. 加拿大的课程管理：分权与统一相结合

加拿大是一个典型的移民国家，由于地域、民族、信仰和生活习惯等因素，加拿大一直实行教育分权自治的政策，"课程的设计和管理均以省为单位，实行统一领导、分级管理的体制，即在省级教育厅的统一领导下，由省教育厅、地方教育局和学校三级负责的管理体制。""三级课程设计与管理机构既有各自的职责，又有自上而下的领导关系"。❶ "这样能够满足不同地区的需要，促进加拿大多元民族文化的发展，有利于实现教育公平，扩大地方自主权"。❷

3. 英国的课程管理：以国家课程为主体，寻求与地方的平衡性

英国课程改革政策的核心是实施"全国统一课程"（National Curriculum，又译"国家课程"）。在《1988 年教育改革法》中实施"国家课程"的政策被正式提出，在该法案第一部分"学校"的第一章"课程"中，集中阐述了关于设置"国家课程"的相关政策。❸ 英国国家课程标准的制定多以政府为主导，同时依靠多种渠道向多方群体征求建议，最后形成统一的适用于全国的课程政策文件。具体到 2014 年的国家课程政策出台，多方机构明确职责，共同参与，平等交流。❹ 这也表明英国课程的管理并不是绝对的集权，而是国家同地方教育当局、学校之间以协作、协调为基础，对课程进行了科学、合理的管理，从而由"中央集权与地方分权相结合"❺的管理体制逐渐走向三级融合。

---

❶ 廖哲勋. 课程教学改革与教育思想建设［M］. 北京：人民教育出版社，2018：363.

❷ 和学新. 课程改革：新世纪的国际视野［M］. 北京：中国社会科学出版社，2018：74.

❸ 吕达，周满生. 当代外国教育改革著名文献（英国卷·第一册）［M］. 北京：人民教育出版社，2004：150 – 156.

❹ 张闫，马志颖. 英国新一轮课程改革及其启示［J］. 教学与管理，2018（4）：56 – 58.

❺ 崔允漷，张雨强. 督教分离，教考合——英国三级课程管理的经验及启示［J］. 全球教育展望，2005（10）：56 – 66.

4. 芬兰的课程管理：中央和地方政府共同管理全国课程的体制

芬兰是北欧经济高度发达的国家，同时在世界上也属于经济发达国家的行列。"在20世纪90年代芬兰对课程进行了改革，改变了以前由中央集中统一管理全国课程的状况，将课程管理的权力分配给地方政府，实行中央和地方政府共同管理全国课程的体制"。❶ "所有学校都遵循全国统一的基础教育课程核心大纲。地方政府根据当地和本校实际情况，在国家核心课程框架下设计自己的课程大纲"。❷

5. 俄罗斯的课程管理：三级管理，自主赋权

俄罗斯的课程改革政策建立在苏联的课程政策基础之上，自苏联解体后，开展了多次基础教育课程改革。在1992年和1993年分别制定了《俄罗斯联邦教育法》《普通教育基础教学计划》，"从而使中央一统课程的局面不复存在，代替它的是中央、地方和学校均成为课程政策的主体而享受并承担着各自的课程权利与职责。"❸ 使俄罗斯的课程权力逐渐下放，赋予地方、学校和个人更多的自主权和参与权，课程管理体制"已由过去的中央集权统一管理变为联邦、地区和地方三级的分级管理。"❹

6. 日本的课程管理：三级课程管理体制

日本进入20世纪80年代后，出台了一系列新的课程政策，开启了面向21世纪的课程改革。本着强调统一标准和发展地方、学校课程相结合的原则，日本的课程实施显示出很大的灵活性。"在整个课程管理的方式上，倡导一种以自上而下为主，以自下而上为辅的课程管理模式，对于国家指

---

❶ 和学新．课程改革：新世纪的国际视野［M］．北京：中国社会科学出版社，2018：107．
❷ 张晓光．走进芬兰基础教育［M］．重庆：西南师范大学出版社，2017：5．
❸ 杨燕燕．国外课程改革政策及其价值取向［M］．杭州：浙江大学出版社，2010：129．
❹ 王旭阳，肖甦．俄罗斯现行教育质量评估体系述评［J］．比较教育研究，2011（2）：76－80．

令性的课程进行宏观管理，而对于课程计划内指导的课程则是彻底下放权力，由地方和学校因地制宜地开设课程，保证地方和学校课程建设的积极性和创造性，制定适合地方和学校个性的课程。"❶ 由此，日本的课程管理体制形成了"国家—地方—学校的三级课程管理体制。日本教育课程的管理与开发充分调动了三方面的积极性，既有统一性，又有灵活性；既有中央调控，又有地方、学校办学的自主性。增强了地方和学校的课程使命感，能促进课程的研究与开发，使整个课程水平得以提高。"❷

综上，纵观各国三级课程管理的经验与做法，无论是原本采用地方分权制的国家还是中央集权制的国家，一个共同的趋势是都趋向于集权与分权的融合，体现在，一方面以分权为特征的国家政府逐渐重视国家课程，并加大对各地各学校的管理，另一方面集权型国家逐渐下放课程管理权，实现权力分享。正如迈克尔·富兰所说"每一级都有两个责任—努力使自己内部的互动进一步增强；同时努力增进与其他等级之间的互动。"❸ 因此，国家、地方、学校不再是对立关系，而是基于三者的统一与整合，采用自上而下和自下而上相结合的方式，调动不同层次、不同领域人员的积极性和创造性，是符合课程管理实施的有效路径。

（三）课程管理主体的研究

综合当前发达国家和地区有关国家、地方、学校各自课程管理职能相关信息可以看出，国家主要负责宏观规划课程，保障课程的国家统一性；地方和学校在上一级课程政策指导下，自主开发和实施课程，协调国家统一性与地方和学校的特殊性，提升课程的区域适用性。总体体现在以下几方面：

---

❶ 夏心军. 日本义务教育课程改革及其启示［J］. 教学与管理，2003（2）：78－80.

❷ 徐辉，章光洁. 日本地方对基础教育课程的管理及开发［J］，外国中小学教育，2002（3）：11－14.

❸ 迈克尔·富兰著. 变革的力量——深度变革［M］. 中央教育科学研究所，加拿大多伦多国际学院，译. 北京：教育科学出版社，2004：55.

其一，国家负责确立国家课程理念和制定国家课程标准。各国在综合考虑国家发展需求、世界发展趋势、制约社会发展的普遍问题以及相关利益主体课程诉求的基础上，提出本国的课程理念。如2004年，俄罗斯颁布《普通教育国家标准联邦部分》，提出"俄罗斯普通教育标准要求保证所有俄罗斯公民接受优质教育的平等机会，拥有统一的教育空间，以实现基础教育不同阶段教育大纲的连续性以及受教育者的社会保护与教育工作者的社会和职业保护，并对普通教育每个阶段的总体标准、总的能力、技能和活动方法分别做出了规定"；❶芬兰的《ECEC 国家课程指引》提出，要促进儿童个性的良好发展，并充分尊重他们的天性；❷同时，在课程理念的引领下，各国制定了课程的国家标准。如美国2010年6月颁布的《州共同核心课程标准》（CCSS）包括英语和数学两门核心课程的标准，CCSS规定了学生在每一个年级的学习目标，美国试图通过实施CCSS，统一各州标准的差异，确保全美学生能够具备成功所需的能力和知识。"芬兰的课程大纲有三个主要功能：管理文本——指引本国教育，进行国际合作；智力文本——强调本文化的重要知识，揭示现行的知识概念；方法文本——是教师的工具，提供方法论建议和支持，为教学设定指导原则。"❸

其二，地方基于实际情况制订地方课程方案，适应性实施国家统一课程，灵活设置其他课程。如，芬兰在政府层面规定了国家核心课程，芬兰各地区则对这些核心课程的设置、教材选择和课程安排等具有自主权；德国2008年的《伯恩协定》将课程划分为语言—文学—艺术课程、社会科学课程、数学—自然科学—技术课程、宗教和一门替代课程、体育课程5个领域，各州参照这5个领域自主设置课程。

其三，学校负责落实国家和地方的课程指导意见，根据本校具体情况进行适应性课程设置和课程实施。如澳大利亚联邦政府不直接管理全国基

---

❶ 石少岩. 俄罗斯普通教育国家标准研究［D］. 北京：首都师范大学，2007：12.

❷ 和学新，等. 课程改革：新世纪的国际视野［M］. 北京：中国社会科学出版社，2018：105.

❸ 张晓光. 走进芬兰基础教育［M］. 重庆：西南师范大学出版社，2017：24.

础教育课程，只对各州（区）中小学课程发展给予指导和资助；芬兰的学校可以自行决定具体课程目标、课程设置、课程内容、教学方式、课程评估等，他们只需要在规定的时间内完成国家核心课程规定的科目即可；德国的学校同样如此，他们自主决定如何达到本州课程的一般标准；韩国2007 年高中课改规定学校可以根据自身实际情况，自主安排活动时间，并可根据学生兴趣需要新设课程科目。

（四）课程管理领导力的研究

美国哥伦比亚大学哈利·帕索（A. Harry Passow，1952）提出了课程领导的概念，直到 20 世纪 70 年代，课程领导才被赋予新的内涵。目前，美国、加拿大、澳大利亚等国的课程领导研究较为广泛和深入。亨德森和霍桑（Henderson & Hawthorne）认为，校长在学校的课程改革中应有 5 种思考方式：教育理想家、系统改革家、协同合作者、公开支持者、建构认知者。[1] 埃弗阿德和莫里斯（1985）提出，校长课程管理必须具备的 11 项人格特质，具体包括强烈的信念、意志及伦理观念、乐观豁达，具有勇于承担责任的良好心理素质等。[2] 由此，"课程领导"概念的提出不仅是对校长在课程管理方面所要发挥和具备的要求，同时也代表着课程权力的下放，是课程决策重心下移的必然结果。

综上，三级课程管理的有效运行需要相关制度和机制的保障，主要发达国家和地区在这方面的做法呈现出一些共同趋势。其一，课程制度法制化，世界主要发达国家都注重课程管理的法制化建设。通过教育立法，政府对社会资源进行合理调配，对社会各种利益关系进行适时平衡，不仅为基础教育改革指明了方向，还明确了教育责任的分担，为基础教育改革提供了全方位的法律保障；其二，课程利益主体参与课程决策，最大范围听

---

[1] 黄显华. 课程领导的专业发展：理念和实践［C］//兰州：第五届两岸三地课程理论研讨会（课程领导与课程评价的理论与实践），2003（6）.

[2] EVERARD K B. , MORRIS G. Effective School Management ［M］. London：Harper and Rowl，1985：92.

取相关课程利益主体的意见，是诸多国家在 21 世纪课程管理方面的共同做法；其三，统筹课程质量标准与课程质量监控，主要国家大都十分重视制定明确的课程质量标准并对课程质量进行监测，以了解课程运作现状，为课程改革服务；其四，教师培训标准化、制度化，教师是课程管理的重要主体。国家、地方、学校的课程规划最终都要通过教师实施，教师的课程能力直接影响着课程质量，因此，很多国家非常重视教师培训，制定了教师培训质量标准，做到教师培训制度化。

三、研究述评

就文献综述来看，课程管理已经从早期的唯经验和理论研究方式转向理论先导、实践为主的研究方式，课程管理中的主体、职能、执行模式等因素得以逐步完善，研究成果丰硕，但也存在诸多问题。

（一）课程管理理论层面需关注的问题

1. 课程管理缺少理论支撑

从国内外相关文献来看，课程管理理论研究相对薄弱，虽然有许多学者注意到课程管理问题是课程理论的重要组成部分，但课程管理研究未受到研究者的重视。直到 2001 年新课程改革实施以后，课程管理相关研究才逐渐成为热点话题。但总体而言，我国当前对课程管理理论的研究仍然无法满足课程改革实践的需求。由此导致课程管理理论缺乏，且管理队伍建设相对滞后，缺少大量懂得课程理论的管理人员，这给基层的课程实践带来了不必要的麻烦。因此，亟待对课程管理加强理论研究，进一步促进义务教育课程改革，避免新课程改革出现"穿新鞋，走老路"的问题。

2. 课程集权管理体制的制约

课程管理体制属于制度层面，是影响课程实施的一个不可忽视的因素。近代以来，我国实行的仍是集权制的课程管理体制，课程改革也是自上而下进行的。集权制的管理体制在很大程度上不利于教师自觉形成课程意识，参与课程发展，不是从内心深处真正形成实施新课程的强烈愿望，而是被动地接受行政指令，甚至推脱应付。由此将教师、学生、家长及其他社会人士排斥在课程改革之外，教师和学生成了法令的接受者，其任务就是忠实地实施新课程。长此以往，课程改革将会缺乏教师、学生、家长及社会各界的关心、认同与支持。重要的是，教师一旦成为被动的实施者，就失去了参与课程改革的积极性，从而在很大程度上影响新课程的顺利实施。教师参与教育实验，分析自己的教学，改革自己的课程，并非遵循由上而下的权威指令，而是验证实验性的行为假设，收集资料和证据，应继续加以改进教学行为。

（二）课程管理实践层面需关注的问题

1. 课程管理执行：存在偏差与不平衡

21 世纪我国基础教育课程改革形成了国家、地方和学校的三级课程管理主体。但实践中，在三级课程管理政策上出现了问题，"从国家制订课程管理文本的态势来看，地方和学校的自我建构能力被高估"❶。国家注重厘清各级课程行政管理主体的权责，并尽可能地为课程改革所涵盖的课程设计、实施和评价诸范畴以及有关当事人的角色行为建章立制，以期各种改革角色能有章可循，但关于各级课程管理实际上又是如何运作的，还缺乏实证的研究。就课程内容的影响而言，由于国家政策的指导不够明确，过于信任地方、学校，学校选择的教材出现了不同年级之间版本脱节的现象，课程内容衔接梯度不良，重复过多，造成资源的浪费；教材编制把关不严，地方层面出现"教材编写热"，教材质量良莠不齐；校本课程开发

---

❶ 余进利. 我国基础教育三级课程管理体制实施评述 ［J］. 当代教育科学，2004（4）：22－25.

欠规范、合理和有效。因此，在实践中需完善三级课程管理体制，改变重"文本管理"轻"问题管理"的不良倾向，加强国家对地方、学校的指导，严格把关教材编写资格，加强对校本课程的研究。

2. 课程管理模式：缺乏双向有效沟通

通过对文献资料的梳理可知，我国现行的三级管理体制倡导自上而下与自下而上相结合的双向课程管理模式，但在实践中课程管理者和实践者之间没有形成良好的沟通，没有给课程实践者充分发表课程意见的空间。仅仅是管理者对基层下达管理执行要求，不能认真倾听实践者的呼声。这种管理模式导致管理者不能及时听取来自基层的意见，课程管理仍然是管理者的事，与课程接触最多的学校及教师没有关系，造成课程管理中的隔膜和落差。正是因没有与基层教育工作者形成良好的平等共建关系，不能共同切磋，共同进步，使基层失去了参与课程管理的积极性，丧失了课程实践的积极性和创造性，造成简单机械执行课程实践的情况。由此，在对现行课程管理体制建立过程中，需要进一步明晰各级课程管理行政主体的权责，并制定一系列配套制度，加强课程管理实施的有效落实。

3. 课程管理主体：课程领导能力有待提升

国家制定了一系列面向地方和学校的管理政策，包括课程设计、实施和评价等，由于管理文本对管理要求只做了一般性说明和原则性规定，对于"如何做"的"程序性知识"相对缺乏，由此在具体操作层面使地方和学校无所适从。同时，地方和学校层面还存在课程意识不强、课程观念陈旧、课程概念不完善等问题，地方和学校课程管理者的课程意识和能力还比较欠缺，亟待提高。

第四章　我国义务教育三级课程管理体系的构成

2022 年 4 月，教育部颁布的《义务教育课程方案和课程标准（2022 年版)》（以下简称《新方案和新课标》）中明确规定，义务教育课程包括国家课程、地方课程和校本课程三类。以国家课程为主体，奠定共同基础；以地方课程和校本课程为拓展补充，兼顾差异。那么，三级课程由"谁来管""管什么""如何管""效果如何"？由此，在理解课程管理内涵的基础上，只有明确课程管理的主体、依据、职能、方式及效果，才能更好地把握课程管理所面临的新问题、新挑战，从而为基础教育三级课程的实施提供有效策略。

一、三级课程管理实施的主体

"三级课程管理的实质是课程权力的再分配，也就是如何协调好国家、地方、学校三个权力主体之间的关系。"[1] 自 2001 年始三级课程管理制度的制定与实施，由"大一统"的集中制改变为现有的分权制，国家将权力下放给地方和学校，提高地方和学校办学的自主权和能动性。因此，明确国家、地方、学校课程中具体由哪些部门和人员管理，是执行三级课程管理政策现状的首要问题。

---

[1] 黄忠敬，范国睿，杜成宪. 课程政策 [M]. 上海：上海教育出版社，2010：166.

（一）国家层面

2001 年 6 月颁布的《基础教育课程改革纲要》（以下简称《纲要》）明确了教育部是国家一级课程管理的主体，主要负责和制定国家基础教育课程的培养目标、计划及标准等宏观的政策文件，并对地方和学校进行监督与评价，积极贯彻执行相关方针政策。《新方案和新课程》明确指出"国家课程由国务院教育行政部门统一组织开发、设置。所有学生必须按规定修习"。由此，国家课程居于主体地位，既是课程目标的决策者、协调者和监督者，又是课程实施的组织者，具有奠定国民素质共同基础的作用。教育部基础教育课程教材发展中心作为教育部直属事业单位，也承担着课程改革的重要责任，主要负责参与拟订基础教育阶段国家课程方案和课程标准、基础教育课程教材的研究、开发、评估等工作。除此之外，基础教育课程改革中"资深专家、学者"也参与其中，包括高等院校、科研机构、中小学骨干教师等，共同为国家层面的课程改革出谋划策，体现了"民主参与、科学决策"的基本原则。

（二）地方层面

随着我国三级课程管理体系的建立，国内诸多的专家、学者对地方课程的概念予以界定。目前，关于地方课程的含义主要集中在以下几方面：一是地方课程是以"地方"作为理解概念的起点，"地方"是地方课程开发与管理的主体；二是地方课程是"地方"根据本地区政治、经济、文化发展的特点和需求设计开发的课程，其目的是增强课程对不同需求的适应性。《纲要》明确规定"省级教育行政部门依据国家课程管理政策和本地区实际，制订本省（自治区、直辖市）实施国家课程的计划，规划地方课程，报教育部备案并组织实施。经教育部批准，省级教育行政部门可单独制订本省（自治区、直辖市）范围内使用的课程计划和课程标准"❶。《新方案和新课标》指出"地方课程由省级教育行政部门统筹规划，确定开发主体。充分利用地方特色教育资源，注重用好中华优秀传统文化资源和红色资源，强化实践性、体验性、选择性，促进学生认识家乡，涵养家国情怀，铸牢中华民族共同体意识"。❷上述的省级教育行政部门，即是省、自治区设立的教育厅，直辖市所设立的教育局，都是国家课程政策在地方具体执行的教育行政机构，在三级课程管理制度中起到承上启下的关键性作用。同时，本省（自治区、直辖市）所设立的科研机构、高校的基础教育课程研究中心、各级中小学教研机构共同担负起地方课程管理的责任。

（三）学校层面

学校是基础教育组织的关键方，任何教育改革都需要通过学校来实现。《新方案和新课标》指出，"校本课程由学校组织开发，立足学校办学传统与目标，发挥特色教育教学资源优势，以多种课程形态服务学生的个性化学习需求。校本课程原则上由学生自主选择。"❸同时，以《纲要》的基本精神为依托，《学校课程管理指南》明确规定"校长是学校课程的主要决定者和责任人。校长在课程管理中的任务是坚持课程计划和课程标准的严肃性，监督和评估课程实施过程，发布学校课程质量的信息，教导处成员承担学校课程管理的常规工作"。由此，校长在学校课程管理中扮演着不可或缺的角色，是学校课程的主要决定者和责任人。在新一轮的课程改革中，校长要达成课程目标的落实，一方面，要对国家课程目标进行校本化实施。另一方面，课程实施要构建专业发展学校，重视教师的专业发展。

---

❶ 教育部关于印发《基础教育课程改革纲要（试行）》的通知［EB/OL］.（2001-06-08）［2023-03-01］. http://www.moe.gov.cn/srcsite/A26/jcj_kcjcgh/200106/t20010608_167343.html.
❷ 中华人民共和国教育部. 义务教育课程方案（2022年版）［M］. 北京：北京师范大学出版社，2022：6.
❸ 中华人民共和国教育部. 义务教育课程方案（2022年版）［M］. 北京：北京师范大学出版社，2022：6.

《纲要》指出"教师在教学过程中应与学生积极互动、共同发展，要处理好传授知识和培养能力的关系，注重培养学生的独立性和自主性，引导学生质疑、调查、探究，在实践中学习，促进学生在教师指导下主动地、富有个性地学习。教师应尊重学生的人格，关注个体差异，满足不同学生的学习需要，创设能引导学生主动参与的教育环境，激发学生的学习积极性，培养学生掌握和运用知识的态度和能力，使每个学生都能得到充分的发展"❶。因此，教师是学校课程的主要执行者，在新课程政策提出后，教师的课程权力逐步提升，就教师专业身份的解放和权力而言有着重要的意义。此外，家长及其他社会人员也是不可或缺的力量，学校应对家长和社区相关人员抱有积极的态度，密切学校与家庭之间的互动性联系，使家长积极参加到学校课程建设当中，推动教育发展，帮助学生进步。

综上，课程管理的主体由多个层级构成，各层级的主体都有具体的职责，只有国家、地方、学校各司其职，相互配合，才能使管理系统有序、高效地运行，达到预期的课程目标。

二、三级课程管理实施的依据

国家、地方、学校的规章制度与相关文件是三级课程管理的主要政策依据，其中，课程方案、课程标准与教材编审是课程管理制度的重要组成部分。

（一）课程方案与课程标准

课程方案总体由教育部制订并组织实施，地方和学校可以依据国家课程方案编制地方和学校的课程方案。2001 年 6 月，教育部印发的《义务教育课程设置实验方案》体现了我国现阶段义务教育课程的总体结构。突出

---

❶ 教育部关于印发《基础教育课程改革纲要（试行）》的通知［EB/OL］．（2001－06－08）［2023－03－01］．http：//www. moe. gov. cn/srcsite/A26/jcj_kcjcgh/200106/t20010608_167343. html.

强调了课程的均衡设置、综合性和选择性的加强。课程方案规定了义务教育阶段一至九年级的课程设置以及义务教育阶段各年级周课时数、学年总课时数、九年总课时数和各门课程课时比例，每门课的课时比例有一定弹性幅度，而地方与学校课程的课时和综合实践活动的课时共占总课时的16%~20%。

《新方案和新课标》突破旧的教学实践，"既吸收了新世纪以来的课改经验，同时在落实立德树人根本任务、确立课程核心素养基本理念、破解'减负增效'关键问题和增加学业质量标准等方面体现出一些新的改革特点"❶。以核心素养为育人导向，着力培养学生正确的价值观、必备品格和关键能力。这既是我国义务教育课程改革多年的经验总结，也是对未来课程改革的整体设计。具体表现在以下几方面，一是三级课程管理制度更具科学化、规范化。一方面，科学制定了三级课程的权责，突出国家课程主体地位，兼顾地方课程和校本课程的拓展性和选择性功能，保留地方与校本课程的空间，发挥地方课程与校本课程实施的积极性；另一方面，规范管理三级课程实施职责以及制度规范要求。二是核心素养引导课程目标贯穿教育教学全过程。目标的出发点是最后达成的落脚点，核心素养既是导向又是主线。通过挖掘、组织、建设学科的核心素养与发展价值，使学生在学习中按照自己的意愿和兴趣获得经验，从而强化课程育人导向。三是课程结构逐渐从分化走向综合。新课标突出课程内容结构化，注重课程内容与社会实际、学生生活以及学习活动的关联，强调课程内容的跨学科性、综合性和整体性，突出了综合学习与学科实践。四是学业成就从具体表现特征迈向整体刻画。各学科课标结合具体的教学内容，对核心素养进行水平划分，对不同学段学生学业成就具体表现特征进行整体刻画，形成学业质量标准，反映课程核心素养要求。从抽象的、宏观的目标出发，再到学生具体行为表现和学业程度都得到贯彻与落实。

---

❶ 吴刚平，安桂清，周文叶. 新方案·新课标·新征程：《义务教育课程方案和课程标准（2022年版）》研读［M］. 上海：华东师范大学出版社，2022：1.

从国家课程的组成部分来看，《新方案和新课标》规定国家课程由道德与法治、语文、数学、外语（英语、日语、俄语）、历史、地理、科学、物理、化学、生物学、信息科技、体育与健康、艺术、劳动、综合实践活动等具体科目组成。与 2001 年版《义务教育课程设置实验方案》相比，《新方案和新课标》在保持课时数不变的基础上，对课程设置进行了整体优化（见表 4 - 1）。

表 4 - 1　课程类别与科目设置❶

类别	科目	年级
国家课程	道德与法治	一至九年级
	语文	一至九年级
	数学	一至九年级
	外语	三至九年级
	历史、地理	七至九年级
	科学	一至六年级
	物理、化学、生物学（或科学）	七至九年级
	信息科技	三至八年级
	体育与健康	一至九年级
	艺术	一至九年级
	劳动	一至九年级
	综合实践活动	一至九年级
地方课程	由省级教育行政部门规划设置	
校本课程	由学校按规定设置	

（二）教材编审

教材体现党和国家意志，反映人民重大关切，传承中华优秀文化和人类文明先进成果，是解决为谁培养人、培养什么人、怎样培养人这一根本问题的重要载体，直接关系党的教育方针的落实和教育目标的实现。我国

❶　中华人民共和国教育部. 义务教育课程方案（2022 年版）［M］. 北京：北京师范大学出版社，2022：8.

教材的管理制度是课程管理制度中相对比较完善的，已形成国务院教育行政部门和省级教育行政部门两级教材管理的体制，具体负责国家和地方教材编写与审定的管理。特别是党的十八大以来，以习近平新时代中国特色社会主义思想为指导，基础教育改革紧紧围绕立德树人的根本任务，在坚持"一纲多本"的前提下，加强统筹力度，以《中小学教材编写审定管理暂行办法》为依据，出台了一系列直接针对教材选用问题的文件。文件数量虽多，但所传达的精神目标一致，突出中小学教材建设是国家事权，强化政治方向和价值取向，坚持目标导向和问题导向相结合，明确职责、健全机制、强化措施，确保教材编审科学与规范。2016年，国家成立了由教育部牵头，20多个国家委办局参与，一批高校领导与专家为主的国家教材委员会，教育部成立了教材局，专门开展全国课程教材规划与审查等工作。进一步增强了中小学课程教材育人功能，夯实学生健康成长的基础。此外，在《新方案和新课标》中对教材提出了新要求，"一是基于核心素养精选素材，确保内容的思想性、科学性、适宜性与时代性；二是创新教材呈现方式，注重联系学生学习、生活、思想实际；三是加强情境创设和问题设计，引导学习方式教学方式变革；四是充分利用新技术的优势，探索数字化教材的建设。"❶ 凸显了国家对义务教育阶段教材的高度重视，为高质量的教材编写指明了方向，对新时代教材建设具有重要的启示意义。

三、三级课程管理实施的职能

国家课程是体现国家意志的课程，不仅是课程的主体部分，还是衡量国家基础教育质量的重要标志。《纲要》确立了三级课程管理体制的正式实施。为促进不同课程管理机构更好地适应转型期的要求，政策明确指出了不同层级课程管理机构在课程管理中的权力与责任，体现了三级课程管

---

❶ 中华人民共和国教育部. 义务教育课程方案（2022年版）[M]. 北京：北京师范大学出版社，2022：12.

理体制下国家、地方与学校的责权分配，明确了各级课程所属的管理机构以及在学校课程体系中的地位，通过联动合作的机制将不同层级的课程管理机构紧密连接，在共同的目标取向下，各层级课程管理机构相互配合，达到权力的制衡。2014 年，《教育部关于全面深化课程改革　落实立德树人根本任务的意见》（以下简称《意见》）强调，要加强对课程实施的管理。《意见》指出，要不断提升地方的自治空间，主要体现为在地方以及校本课程的开发与实施中，给予地方更多的管理权力，并进一步提升学校层面对教学进度、方式以及评价等方面的自主权。在不断增强不同管理主体自主权的同时，提升各管理机构的教育服务功能。《新方案和新课标》对三级课程管理的主体和权责做了进一步的阐释（见表 4－2）。其中，国家课程由国务院教育行政部门统一组织开发、设置，地方课程由省级教育行政部门统筹规划，校本课程由学校组织开发。

表 4－2　《义务教育课程方案和课程标准》（2022 年版）规定三级课程管理的表述

三级课程	具体内容
总要求	义务教育课程包括国家课程、地方课程和校本课程三类。以国家课程为主体，奠定共同基础；以地方课程和校本课程为拓展补充，兼顾差异
国家一级	国务院教育行政部门指导省级教育行政部门全面落实国家课程、建设地方课程、规范校本课程
地方一级	地方课程由省级教育行政部门统筹规划，确定开发主体。充分利用地方特色教育资源，注重用好中华优秀传统文化资源和红色资源，强化实践性、体验性、选择性，促进学生认识家乡，涵养家国情怀，铸牢中华民族共同体意识；地方课程由省级教育行政部门规划设置，原则上在部分年级开设；地方课程、校本课程、劳动、综合实践活动课程共占义务教育总课时（9522）的 14% ~ 18%。其中，地方课程不超过九年总课时的 3%（地方课程课时在小学一至二年级开设外语的，不超过 4%）；劳动、综合实践活动、班团队活动、地方课程与校本课程课时可统筹使用，可分散安排，也可集中安排。 省级教育行政部门要统筹规划三级课程的实施，科学制定本省义务教育课程实施办法。省级义务教育课程实施办法要准确落实培养目标、基本原则、课程设置等方面的要求，严格落实国家课程；结合本地实际，组织指导地方课程建设，明确校本课程建设基本要求，严把政治关、科学关；加强组织领导，强化条件保障

三级课程	具体内容
学校一级	学校依据省级义务教育课程实施办法，立足本校办学理念，分析资源条件，制订学校课程实施方案，注重整体规划，有效实施国家课程，规范开设地方课程，合理开发校本课程。在小学一年级第一学期安排必要的入学适应教育，适当利用地方课程、校本课程和综合实践活动课时组织开展入学适应活动，对学生学习、生活和交往进行指导。鼓励将小学一至二年级道德与法治、劳动、综合实践活动，以及班队活动、地方课程和校本课程等相关内容整合实施

三级课程管理是中小学课程管理的基本政策，基于《纲要》和《新方案和新课标》对地方课程管理的相关规定，强调要促进地方教育行政部门重视地方课程在国家课程方案整体育人中的基本价值定位，优化三级课程管理，确保有效实施国家课程，规范开设地方课程，合理开发校本课程，明确三级课程管理的职责、职能，为落实立德树人教育根本任务发挥应有的作用，具体如表4-3所示。

表4-3　三级课程管理的职责分工与协作❶

管理层级	课程归类与职责分工		
	国家课程	地方课程	校本课程
国家	整体规划基础教育课程；研制和颁行课程计划或方案、国家课程标准或指导纲要；研制和颁行教科书等	指导地方课程开设	指导校本课程开设
地方	地方化实施国家课程	研制、报备和颁行地方课程计划或方案，研制地方课程教材或乡土教材	指导校本课程开设
学校	校本化实施国家课程	校本化实施地方课程	报备校本课程方案，开设校本课程

❶ 吴刚平，安桂清，周文叶. 义务教育课程方案和课程标准（2022年版）研读［M］. 上海：华东师范大学出版社，2022：395.

（一）国家一级的课程管理职能

"国家一级课程管理的职能是制定国家基础教育培养目标、课程计划框架和课程标准等宏观的政策，并监督地方和学校贯彻执行这些方针政策。"❶ 其一，宏观指导基础教育的课程改革，并具体制订相应的课程政策以及国家基础教育课程计划框架。其二，组织制订或修订、审定基础教育各个阶段的课程计划。包括统一规定国家课程在各个教育阶段中的中观课程结构，如学习领域或科目数、总课时、周课时以及课时分配结构，严格控制学生的活动时间量与基本学业负担。其三，颁布国家课程中各学科或学习领域（尤其是核心课程）的课程标准，确保学生统一的、基本的学业要求，规定国家基本的教育质量。其四，制定国家课程实施过程的指导性意见，尽可能缩小理想课程与现实课程的差距。其五，制定并颁布基础教育课程的评价制度，确保国家基础教育课程在各个阶段的目标得到很好的实现。其六，制定课程开发与管理的政策。其七，制定教科书或教材开发与管理的政策。

（二）地方一级的课程管理职能

地方一级课程管理的职能主要是严格执行国家课程计划和课程标准等方针政策，并按地方的实际情况与发展需要，为落实国家课程标准制订具体方案，开发好地方课程，以及指导学校合理地实施地方制订的课程计划。《纲要》和《新方案和新课标》对省级教育行政部门地方课程管理职能都进行了基本规定，归纳起来，省级教育行政部门的地方课程管理职能主要包括统筹规划、制订课程计划和课程标准、主动备案、授权开发、组织实施、指导促进、条件保障、实施监测、实施督导。具体包括如下几方

---

❶ 钟启泉，崔允漷，张华. 为了中华民族的复兴，为了每位学生的发展：《基础教育课程改革纲要》解读［M］. 上海：华东师范大学出版社，2001：356.

面。其一，省级教育行政部门依据国家课程管理政策和本地实际情况，统筹规划三级课程的实施，规划地方课程，报教育部备案并组织实施。同时，制定推广这一计划的具体措施。其二，经教育部批准，省级教育行政部门可单独制订本省（自治区、直辖市）范围内使用的课程计划和课程标准。其三，各级教育行政部门要对地方课程的实施和开发进行指导和监督，回应并解决学校在实施地方课程中所遇到的问题。其四，省级教育行政部门统筹规划地方课程，负责指导学校制订实施《学校课程计划》的具体方案，并指导学校开发校本课程。其五，确定本省地方课程课时数、开设年级、课时使用方式。其六，结合本地实际，组织指导地方课程建设，明确校本课程建设基本要求，严把政治关、科学关；加强组织领导，强化条件保障。其七，开展省级课程实施监测，涵盖国家课程、地方课程和校本课程，主要包括课程开设情况、课程标准落实情况、教材使用情况和课程改革推进情况，重点是党中央、国务院一系列课程改革的要求，特别是习近平新时代中国特色社会主义思想落实情况。其八，开展课程实施督导，对地方各级人民政府实施义务教育课程保障情况、学校课程开设和教材使用情况进行督查，确保课程开齐开足开好。

（三）学校一级的课程管理职能

学校一级课程管理的职能是严格执行国家的课程政策以及上级颁布的课程文件，同时在规定的范围内实现学校一级的课程创新，从而实现学校层面变革形势的更新。具体地说，"学校是国家课程、地方课程和校本课程的交汇点，是课程实施的主要场所。学校既要实施国家课程和地方课程，又要进行校本课程开发"。❶ 其一，学校要依据国家课程方案、课程标准和省级义务教育课程实施办法，结合学校的办学实际，编制本校的课程实施方案。学校要紧紧围绕有效实施国家课程、规范开展地方课程、合理开发和利用校本课程等要求开展工作。学校要依据育人目标，整体构建五

---

❶ 张相学. 学校课程管理解读［J］. 中国教育学刊, 2005（9）：41 – 44.

育融合的课程体系，对国家课程、地方课程和校本课程进行顶层设计和系统架构。其二，明确不同学段和年级的开设科目、课时分配、教学组织形式等，学校要整合实施不同科目和教学内容，推进三级课程的融通和整合，避免课程内容的重复与交叉，探索实践育人方式。其三，学校有权选择经过国家一级审定或省一级审查通过的教材。教材的选用应体现民主原则，必须有教师代表、学生及其家长代表参加。其四，学校有权力和责任反映国家和地方课程计划在实施中所遇到的问题，同时建立校本课程的内部评价机制，以保证校本课程与国家课程、地方课程在目标上的一致性。其五，根据上级教育行政部门的规定，结合校本实际进行管理，提高学校课程整体质量。

四、三级课程管理实施的方式

"课程管理体制由两部分构成，一是课程管理机构及其权力分配，二是这些机构在课程管理中必须遵循的管理规范和章程。"❶ 由此，课程管理方式和途径是落实国家课程的重要载体和核心问题。从现行制度来看，三级课程管理方式主要包括规划与指导、监测与评价、审查与调控三个方面。

（一）规划与指导

我国课程管理的主要方式是通过制定课程政策文件、指导纲要、法律法规等政策文本。"课程政策的规划是指从问题界定到议案抉择以及合法化的过程。"❷ 作为国家课程的顶层设计，不仅要体现课程政策的思想与精神，还要具有权威性和稳定性。《纲要》的颁布对我国课程改革意义重大，

---

❶ 郭晓明. 分级课程管理体制改革的几个迫切问题［J］. 教育理论与实践，2001（1）：15 - 18.

❷ 黄忠敬，范国睿，杜成宪. 课程政策［M］. 上海：上海教育出版社，2010：202.

为基础教育的发展总体规划提出了较为具体的指导性建议。除此之外，教育部还以文件的形式推出了一系列的推进措施，2017年10月教育部印发的《中小学综合实践活动课程指导纲要》、同年9月印发的《中小学德育工作指南》等，涉及的层面广，包括课程的开发与实施、教材的审定、课程评价、课程资源等方面，共同构成了国家层面的政策保障系统。《新方案和新课标》规定了学科的课程性质、课程理念、课程目标、课程内容、学业质量标准和课程实施六个方面的内容，具有方向性、规范性、操作性、指导性，是教材编写、教学内容、考试评价及课程实施管理的直接依据。

（二）监测与评价

推进课程改革需要建立一个国家、地方和学校在教育质量评价上各司其职的评价系统。课程实施的检测与评价能够保证教育质量，作为一项完整的课程活动，必然需要有评价过程，评价过程构成整个活动的反馈环节。"改变评价系统能够改变课程目标、课程内容、课程实施，甚至能够改变课程管理。"[1] 只有与监测和评价形成合力，才能为课程政策的执行提供有效的支撑。2005年，教育部依托上海教育科学研究院成立了教育部基础教育监测中心，对教育的宏观发展方面进行监测。2007年，教育部依托北京师范大学成立了基础教育质量监测中心，构建了一支专业化的研究团队来对全国学生的学习状况进行监测与评价，确保了监测的连续性和系统性，为决策提供有效的信息和数据。由国家性或地区性组织在课程监控和评价过程中开展的有关课程的调查和研究也属重要的信息渠道。如2016年5月，国务院教育督导委员会印发《国家义务教育质量监测方案》，为改变教育管理方式和改进教育教学提供了参考，对以升学率为评价学校和学生标准的做法进行了纠正，推动了基础教育的整体质量。

---

[1] 苏小兵，肖思汉. 学校课程改革的政策与践行［M］. 上海：华东师范大学出版社，2016：87.

《新方案和新课标》指出"开展国家、省两级课程实施监测，涵盖国家课程、地方课程和校本课程，主要包括课程开设情况、课程标准落实情况、教材使用情况和课程改革推进情况，重点是党中央、国务院一系列教育要求，特别是习近平新时代中国特色社会主义思想落实情况"，"开展课程实施督导，对地方各级人民政府实施义务教育课程保障情况、学校课程开设和教材使用情况进行督查，把义务教育质量监测结果作为评价课程实施质量的参考指标，强化反馈指导，确保课程开齐开足开好"。❶同时，新方案对课程评价提出新要求，强调要基于核心素养的学业质量标准推进考试评价，促进"教—学—评一致"的适应性与有效性。学业质量是学生完成课程阶段性学习后的学业成就综合表现，也是课程核心素养的具体表现。新课标专门增加"学业质量标准"部分，细化评价和考试命题建议，既是学生结果评价、过程评价及考试命题的重要依据，也有助于教师更好地把握教学的深度与广度。在"教—学—评一致"理念的指导下，教师要依据新课标制定教学目标，基于教与学、过程与结果相一致的教学原则进行教学设计，监测教和学对课程目标的达成度，全面考查学生的学习情况，从而切实提高学生的综合素养。

（三）审查与调控

为了确保课程的质量与水平，提升课程的育人价值，各级政府应加强领导，整合各方力量，突破课程改革中的全局性问题。国家相关部门对基础教育课程方案、各科课程标准、课程教材实行严格的审查制度，并对课程问题积极反思、及时调控。"对地方各级人民政府实施义务教育课程保障情况、学校课程开设和教材使用情况进行督查，把义务教育质量检测结果作为评价课程实施质量的参考指标，强化反馈指导，确保课程开齐开足开好。"❷ 如

---

❶ 中华人民共和国教育部. 义务教育课程方案（2022 年版）［M］. 北京：北京师范大学出版社，2022：16.

❷ 中华人民共和国教育部. 义务教育课程方案（2022 年版）［M］. 北京：北京师范大学出版社，2022：16.

2017 年教育部对统编三科教材进行了督查与审核工作，由基础教育课程教材专家工作委员会组织专家开展"四审制度"，即政治审查、学科审查、专题审查、综合审查，确保教材把好政治关、理念观和科学观。

五、三级课程管理实施的成效

（一）课程标准和体系日趋完善

1952 年第一次以"课程标准"的方式阐述课程目标和内容以来，我国课程标准的制定过程逐步走向成熟。"为体现课程的育人功能，关注学生的全面发展，激发和引导广大教师的创新意识，倡导多种学习方式等方面做出了积极的努力和可贵的尝试。"❶ 迄今为止，课程方案所涉及的各门各类课程均已出台了课程标准或课程指南，建立了完善的课程标准体系，这是我国基础教育课程改革迈向标准化时代的重要标志，体现着鲜明的时代气息。

（二）课程管理要求明确

三级管理是课程改革在制度层面最为核心的内容，如在《纲要》中对此明确提出要实行国家、地方和学校三级课程管理，并对三级课程管理的职责分级提出要求。"为保障和促进课程对不同地区、学校、学生的要求，实行国家、地方和学校三级课程管理。教育部总体规划基础教育课程，制订基础教育课程管理政策，确定国家课程门类和课时。制订国家课程标准，积极试行新的课程评价制度。省级教育行政部门依据国家课程管理政策和本地实际情况，制订本省（自治区、直辖市）实施国家课程的计划，规划地方课程，报教育部备案并组织实施。经教育部批准，省级教育行政部门可单独制订本省（自治区、直辖市）范围内使用的课程计划和课程标

---

❶ 高峡. 我国义务教育课程标准的深化研究 [J]. 教育研究与实验，2007（4）：63 – 68.

准。学校在执行国家课程和地方课程的同时，应视当地社会、经济发展的具体情况，结合本校的传统和优势、学生的兴趣和需要，开发或选用适合本校的课程。各级教育行政部门要对课程的实施和开发进行指导和监督，学校有权力和责任反映在实施国家课程和地方课程中所遇到的问题。"❶ 上述文件中所提的要求是具体、明确的，但关键在于地方和学校层面的配套制度是否完善，落实是否得力，尚需进一步厘清不同层面课程权力的合理配置与有效运用。

（三）教材管理有章可循

教材作为课程的核心载体，是国家意志与文化传承的体现。《纲要》对教材的开发和管理做出了明确规定。在教材开发方面，"实行国家基本要求指导下的教材多样化政策，鼓励有关机构、出版部门等依据国家课程标准组织编写中小学教材"。在教材审查方面，规定按照国家课程标准编写的教材需经全国中小学教材审查委员会审查，地方教材须经省级教材审查委员会审查，并实行编审分离。在教材出版和发行方面，"严格遵循中小学教材版式的国家标准"，"出版和发行试行公开竞标"，"国家免费提供的经济适应型教材实行政府采购"。在教材使用方面，规定教育行政部门定期向学校和社会公布审查通过的中小学教材目录，并逐步建立教材评价制度和在教育行政部门及专家指导下的教材选用制度。近年来，教材建设政策逐步完善，教材工作组织体系逐渐成形，教科书选用制度逐渐成熟。2016 年，《关于加强和改进新形势下大中小学教材建设的意见》将教材建设视为国家事权，要求语文、历史、道德与法治三科教材统编、统审和统用。2017 年国家教材委员会正式成立，负责指导和统筹全国教材工作。随后，国家教材局、大中小学教材编审专家库也相继组建。

---

❶　教育部关于印发《基础教育课程改革纲要（试行）》的通知 ［EB/OL］. （2001 – 06 – 08）［2023 – 03 – 01］. http：//www. moe. gov. cn/srcsite/A26/jcj_kcjcgh/200106/t20010608_167343. html.

（四）地方配套文件出台及时

在三级课程管理体制中，地方课程是省一级的教育行政部门或其授权的教育行政部门，根据当地的政治、经济、文化、民族等发展需要而开发的课程。地方作为三级课程管理体系中的一级，是中央或上级课程政策的"中转站"。"不仅事关区域教育改革与发展，也关乎国家教育政策落实大局，是地方教育管理中最为关键的环节。"❶ 国家课程政策和策略制定好，需经历地方化的过程。地方教育行政部门首先要对中央政策进行学习，在了解政策精神的基础上，结合本地实际，提出本地区课程实施方案。地方教育行政部门的重点工作就是将国家课程计划创造性地实施，以及促进本地学生、教师和学校更好地发展。

2001 年国家启动了基础教育课程改革，经查阅与调研，各省级教育行政部门均依据《基础教育课程改革纲要（试行）》和《义务教育课程设置实验方案》等文件的实施要求制订了相应的实施方案，有效保障了课程管理的有序实施（除香港、台湾和澳门外）。总体来看，从发布时间而言，见表 4 –4。

表 4 –4　各省（自治区、直辖市）关于义务教育阶段
三级课程管理的文件汇总（2001 年—2022 年）

序号	发布省份	发布时间	政策文件名称
1	北京	2006 年	《北京市教育委员会关于进一步落实义务教育新课程计划的若干意见》
		2009 年	《北京市教育委员会关于加强义务教育课程管理推进课程整体建设的意见》
		2015 年	北京市教育委员会关于印发《北京市实施教育部的课程计划（修订）》的通知
2	天津市	2001 年	《天津市基础教育课程改革指导意见》
		2015 年	《2015—2016 学年度天津市中小学课程计划安排意见》

---

❶ 杨润勇. 地方教育决策要从政策分析中来 [J]. 辽宁教育，2013（8）：18 –19.

续表

序号	发布省份	发布时间	政策文件名称
3	上海市	2001 年	《上海市普通中小学课程方案》
		2018 年	《关于印发上海市中小学 2018 学年度课程计划及其说明的通知》
4	重庆市	2002 年	《关于印发重庆市义务教育新课程新课程实验计划的通知》
		2012 年	《重庆市普通中小学课程计划》
5	河北省	2003 年	《河北省义务教育实验课程实施计划（试行）》
6	山西省	2016 年	《山西省深化教育领域综合改革的意见（2016—2020 年)》
7	辽宁省	2002 年	《辽宁省教育厅关于推进基础教育课程改革的实施意见（试行）》
		2016 年	《辽宁省全面深化义务教育课程改革的指导意见》
		2017 年	《辽宁省义务教育地方课程指导纲要》
8	吉林省	2006 年	《吉林省基础教育地方课程建设指导意见》
		2021 年	《吉林省教育厅关于加强和改进中小学实验教学的实施意见》
9	黑龙江省	2001 年	《黑龙江省关于开展基础教育新课程实验推广工作的意见》
		2001 年	《黑龙江省义务教育课程设置实验方案（试行）》
10	江苏省	2001 年	《江苏省基础教育课程改革实施意见》
		2004 年	《江苏省中小学地方课程建设指导意见》
11	浙江省	2002 年	《浙江省教育厅关于实施教育部〈基础教育课程改革纲要（试行）〉的意见》
		2003 年	《浙江省基础教育地方课程建设指导意见》
		2015 年	《浙江省教育厅关于深化义务教育课程改革的指导意见》
12	安徽省	2003 年	《扎实推进基础教育新课程实验推广工作的意见》
13	福建省	2004 年	《福建省义务教育课程实施计划（试行）》
		2010 年	《福建省教育厅关于深化基础教育课程改革的意见》
14	江西省	2002 年	《江西省贯彻国务院关于基础教育改革与发展决定的实施意见》
15	山东省	2003 年	《山东省义务教育地方课程和学校课程设置指导意见（试行）》
		2005 年	《山东省义务教育地方课程和学校课程实施纲要》
		2008 年	《山东省关于深化基础教育课程改革全面提高教育质量的意见》

序号	发布省份	发布时间	政策文件名称
15	山东省	2008 年	《山东省教育厅关于进一步加强义务教育地方课程建设与管理工作的通知》
16	河南省	2002 年	《河南省义务教育地方课程设置方案（试行）》
		2010 年	《河南省教育厅关于进一步深化义务教育课程改革的意见》
17	湖北省	2002 年	《湖北省义务教育课程实施计划（试行）》
		2002 年	《义务教育学校课程开发与管理的指导意见（试行）》
		2004 年	《湖北省基础教育课程改革行动计划（2004—2008 年）》
		2004 年	《湖北省教育厅关于进一步推进义务教育地方课程、学校课程实施的意见》
18	湖南省	2002 年	《湖南省基础教育新课程实验推广实施方案》
		2003 年	《湖南省关于进一步做好义务教育课程改革实验推广工作的意见的通知》
19	广东省	2002 年	《广东省开展基础教育新课程实验推广工作的指导意见》
		2017 年	《关于广东省中小学地方课程教材审查的管理办法》
20	海南省	2004 年	《海南省教育厅关于全面推进我省义务教育课程改革工作的意见》
		2012 年	《海南省教育厅关于深化基础教育课程改革全面提高教育质量的通知》
21	四川省	2001 年	《四川省教育厅关于全面实施素质教育推进基础教育课程改革的意见》
		2001 年	《四川省基础教育课程改革实验推进方案》
		2001 年	《四川省义务教育课程设置方案（试行）》
		2004 年	《四川省义务教育阶段地方课程实施方案（试行）》
		2010 年	《四川省教育厅关于进一步加强中小学校本课程开发与实施的意见》
		2010 年	《中小学校本课程开发管理指导意见（试行）》
22	贵州省	2002 年	《贵州省基础教育课程改革义务教育课程实施意见》
23	云南省	2001 年	《云南省基础教育新课程实验推广工作规划》
24	陕西省	2008 年	《陕西省教育厅关于加强薄弱学科建设全面推进义务教育课程改革的意见》
25	甘肃省	2005 年	《甘肃省义务教育阶段地方课程实施意见（试行）》
		2009 年	《甘肃省义务教育学校课程开发与实施指导意见（试行）》

续表

序号	发布省份	发布时间	政策文件名称
25	甘肃省	2016 年	《甘肃省教育厅关于全面深化义务教育课程改革的指导意见》
26	青海省	2015 年	《青海省深化基础教育课程改革全面落实立德树人根本任务的实施意见》
27	内蒙古自治区	2001 年	《内蒙古自治区义务教育课程计划（实验)》
28	广西壮族自治区	2001 年	《广西九年义务教育课程计划与课程设置方案》
29	西藏自治区	2005 年	《西藏自治区基础教育课程改革实施方案》
30	宁夏回族自治区	2021 年	《关于实施基础教育质量提升行动的意见》
31	新疆维吾尔族自治区	2008 年	《进一步深化基础教育课程改革的指导意见》
		2011 年	《关于进一步深化基础教育课程改革的意见》

注：资料来源于各省（自治区、直辖市）教育厅门户网站及调研收集的纸质材料。

　　地方是整个学校课程管理的能动主体，是不可缺少的主体，对所管辖范围内的基础教育、课程开发与实施质量负有直接责任，发挥着中央政府难以替代的作用。这种主体地位和作用"不仅仅是中央给予的，也不仅仅是地方争来的，从根本上讲，它是转型时期我国基础教育课程改革与发展的必然要求"❶。从以上 31 个省（自治区、直辖市）颁布的配套文件来看，各省（自治区、直辖市）能够根据本地的实际情况，因地制宜地进行国家课程的地方化设计，并以地方课程政策的方式出台，用以直接引领和指导学校课程改革，包括构建三级课程体系、课程资源与开发、组织实施等各个方面。如 2010 年 1 月福建省教育厅颁布《关于深化基础教育课程改革的意见》，指出要加强地方课程和学校课程管理，省教育厅负责地方课程的规划、开发和管理。校本课程充分利用学校和社区的课程资源开发或选

---

❶ 柳夕浪. 地方课程管理：地位、作用与策略［J］. 课程·教材·教法，2001（11）：15 - 19.

用，形成具有办学特色的精品校本课程，学校应根据有关国家课程、地方课程和校本课程的课时范围，对学校课程做出整体安排；2016 年 10 月辽宁省教育厅颁布《辽宁省全面深化义务教育课程改革的指导意见》，强调要全面深化义务教育课程改革，进一步完善义务教育课程设置方案，统筹整合国家、地方、校本课程，实现国家课程学校化实施、地方课程综合化建设、校本课程特色化开发；2010 年河南省教育厅颁布《关于进一步深化义务教育课程改革的意见》，强调必须完善三级课程管理制度，各地要创造条件保障国家课程的实施，学校要创造条件，认真开发和开设地方课程，各学校要根据当地经济、社会发展的需要，结合本校的传统与优势，开发并落实好学校课程，并严格执行课程方案和课程计划，开全课程，开足课时。整体来看，地方一级把三级课程管理政策的落实摆在了重要地位，基本上保障了三级课程管理政策的分层实施，表明在地方一级基本上落实和保障了课程分级管理的政策。

与此同时，部分省（自治区、直辖市）能够因地制宜，结合地方区域特色、实际情况，将中小学地方课程教材政策文件内化，创生出具有本土化特点的地方课程与教材。如北京市根据相关的地方课程政策文件，研究制定每一年度的基础教育课程教材改革试验工作的相关政策文件，其强调对义务教育阶段课程计划的落实，保证在正确的政策环境背景下进行地方的课程教材改革试验工作。"全市中小学尝试建构了国家课程、地方课程和校本课程整体推进、协调发展的三级课程整体建设体系，建立了市、区、校三级课程建设研究机制，关注了课程的整合性、选择性和均衡性问题。"❶ 体现了北京市结合自身实际情况对中小学地方课程教材政策的内化过程。再如，广东省为进一步加强中小学地方课程教材建设，完善和规范中小学地方课程教材审查和使用的管理，制定《关于广东省中小学地方课程教材审查的管理办法》。

---

❶ 线联平，等. 北京市中小学三级课程理论与实践研究［M］. 北京：北京出版社，2013 (11)：1.

综上，虽然各省（自治区、直辖市）在地方课程实施与开发中获得一定成效，但在实地调研中发现部分地区还缺乏对课程实施方案及时的调整与更新，缺乏对义务教育课程实施的整体规划。针对这一情况，还需加强地方一级课程管理职能的要求，不断加强并及时更新、完善省级课程实施管理制度，有目的、有计划、有组织、有质量地落实好国家课程方案，确保国家课程、地方课程、校本课程按要求开足、开齐。

（五）课程评价与考试制度改革力度逐步增强

考试制度对课程改革的实施有着巨大的影响，课改启动不久，教育部于 2002 年 12 月出台《关于积极推进中小学评价与考试制度改革的通知》，对促进学校、教师和学生的发展评价体系构建，中小学考试与招生制度的改革，高考改革等提出一系列符合素质教育理念的指导性意见。2014 年 8 月，以《国务院关于深化考试招生制度改革的实施意见》和教育部 4 个配套文件为标志，全面启动了新一轮考试招生改革。本次改革以育人为本，遵循教育规律，把促进素质教育发展和学生的健康成长、成才作为改革的出发点和落脚点。2020 年 11 月，中共中央、国务院印发《深化新时代教育评价改革总体方案》。2022 年 4 月，教育部印发《义务教育课程方案和课程标准（2022 年版)》，完善了教育评价体系，推进了考试招生制度改革，以期促进学生核心素养的全面提升。

第五章 我国义务教育三级课程 管理实施的现状调查研究

随着课程改革的进一步深入，经多年的实践和发展，三级课程管理体制在取得明显成效的同时也面临新的挑战，有待于进一步调整和优化。本研究基于前期对三级课程管理构成的全面分析，将其作为调查的框架与维度，全面客观了解义务教育阶段三级课程管理的现状、现行政策落实情况，系统总结课程管理实践经验，整体把握课程管理面临的态势，并提出有效的建议与策略。

一、调查概况

（一）调研设计

通过前期文献梳理与理论分析，我国三级课程管理与实施情况可从管理主体、管理依据、管理职能、管理方式、管理效果五个方面展开研究，每一个方面都有具体的调查内容，分别为国家课程实施现状调查框架（见表5-1）、地方课程实施现状调查框架（见表5-2）、学校课程实施现状调查框架（见表5-3）。

依据调查内容设计了《义务教育阶段三级课程管理执行情况调查问卷（行政干部、督学、教研员)》和《义务教育阶段三级课程管理执行情况调查问卷（校长、副校长、教务主任、教研主任)》（附件一、附件二)。调查问卷共分为两部分，第一部分为调查对象个人的基本情况，包括学历、职位、职级、工作内容等。第二部分为三级课程实施现状的整体情况，选项设置包括单选和多选，教师可以根据自己的情况进行作答。

表 5 – 1　国家课程实施现状调查框架

维度	内容	调研方式
管理主体	1. 政策规定应该谁管？有无人管？ 2. 谁在实际上对国家课程做出调整（增加、减少、整合国家课程的门类和课时）？ 3. 有无专门的管理机构组织？实际是谁在管？ 4. 管理队伍的专业能力如何？管理队伍由哪些人构成？	
管理依据	为保证实施，有无相关的规章制度？	
管理职能	1. 不同层级管理主体对政策规定的国家课程管理职能知晓情况如何？认同情况如何？有无建议？ 2. 省级（自治区、直辖市）：是否制订了实施国家课程的计划？有哪些政策文本？怎样制订的？是怎样考虑具体实施内容和方式的？对国家课程门类和课时的调整情况（增、减、整合课程门类和课时）？对下级部门和学校的课程实施、开发有无指导和监督？有哪些具体常规管理活动？ 3. 学校：是如何执行国家课程的？对国家课程门类和课时的调整情况（增、减、整合课程门类和课时）？	1. 问卷调查 2. 访谈 3. 文献资料查阅
管理方式	1. 省级（自治区、直辖市）：采用哪些具体的方式和途径来落实国家课程？制定了哪些政策文件？建立了哪些具体的管理制度？这些政策和制度是否系统完备？实际管理活动是如何开展的？实际管理运行情况如何？ 2. 学校：采用哪些具体的方式和途径来落实国家课程？制定了哪些政策文件？建立了哪些具体的管理制度？这些政策和制度是否系统完备？实际管理活动是如何开展的？实际管理运行情况如何？	
管理效果	1. 国家课程门类和学时在学校实际课表的落实情况如何？ 2. 地方和学校在管理落实国家课程中存在哪些普遍性的突出问题？原因是什么？改进的方向和空间在哪里？ 3. 有哪些有效的地方和学校管理经验？	

表 5 - 2　地方课程实施现状调查框架

维度	内容	调研方式
管理主体	1. 政策规定应该归谁管？有无人管？ 2. 谁在实际上决定着地方课程的开设？ 3. 有无专门的管理机构组织？实际是谁在管？ 4. 管理队伍的专业能力如何？管理队伍由哪些人构成？	
管理依据	1. 出台了哪些地方课程管理文件？ 2. 有哪些地方课程管理的规章制度？	
管理职能	1. 是否对地方课程进行了规划？有哪些相关政策文件？ 2. 备案情况？ 3. 如何组织实施地方课程的？ 4. 有无经教育部批准单独制订课程计划和课程标准的情况？ 5. 学校是如何执行地方课程？执行的是哪一行政层级开发和要求的地方课程？对地方课程及管理的态度如何？	1. 问卷调查 2. 访谈 3. 文献资料查阅
管理方式	1. 省级（自治区、直辖市）：是采用哪些具体方式和途径来落实地方课程？制定了哪些政策文件？建立了哪些具体的管理制度？这些政策和制度是否系统完备？实际管理活动有哪些？是如何开展的？实际管理运行情况如何？ 2. 学校：采用哪些途径和方式落实地方课程？上级部门是如何对学校落实地方课程进行管理的？有哪些制度和常规管理活动？对这些管理制度和活动的态度和建议如何？	
管理效果	1. 地方课程在学校中的落实和占比情况？ 2. 地方课程管理中存在哪些普遍性的突出问题？原因是什么？改进的方向和空间在哪里？ 3. 有哪些有效的地方管理经验？	

表 5－3 学校课程实施现状调查框架

维度	内容	调研方式
管理主体	1. 政策规定应该归谁管？有无人管？ 2. 谁在实际上决定着校本课程的开设或选用？ 3. 有无专门的机构组织开发或选用？ 4. 相关管理机构组织人员的专业能力如何？由哪些人构成？	
管理依据	1. 出台了哪些校本课程管理文件？ 2. 有哪些校本课程管理的规章制度？	
管理职能	1. 校本课程是开发还是选用的？各自比例情况如何？ 2. 校本课程是如何开发出来或选用的？校内有无健全的相关管理制度？ 3. 上级教育行政部门对校本课程开发或选用有无明确的管理制度？有哪些制度文件？ 4. 是否接受过上级部门关于校本课程实施和开发的指导和监督？频率？具体有哪些指导和监督活动？ 5. 是否有通畅渠道反映实施国家课程和地方课程中遇到的问题？有哪些渠道？有何建议？	1. 问卷调查 2. 访谈 3. 文献资料查阅
管理方式	学校：采用哪些途径和方式实施校本课程的？上级部门是如何对校本课程进行管理的？有哪些制度和常规管理活动？对这些管理制度和活动的态度和建议如何？	
管理效果	1. 地方课程在学校中的落实和占比情况？ 2. 地方课程管理中存在哪些普遍性的突出问题？原因是什么？改进的方向和空间在哪里？ 3. 有哪些有效的地方管理经验？ 4. 校本课程的实际落实和占比情况？ 5. 校本课程管理中存在哪些普遍性的突出问题？原因是什么？改进的方向和空间在哪里？ 6. 地方和学校中有哪些针对校本课程管理的有效经验？	

（二）调研基本情况

1. 调查区域

对全国东中西部地区 10 个省（自治区、直辖市）的三级课程管理实施现状开展了问卷调查与实地调研，包括：东部地区的北京市、山东省、浙江省、广东省；中部地区的山西省、湖南省；西部地区的四川省、陕西省、广西壮族自治区、新疆维吾尔自治区。

2. 调查方式

本研究将采用网络问卷（问卷星系统）调查和座谈访谈、资料收集等方式（见附件一至附件四）。

（1）问卷调查情况

在线问卷调查共 12635 人，其中，在线问卷调查行政干部、督学、教研员 1363 人，学校管理人员 11272 人，有效问卷回收率 100%，具体样本结构见表 5-4 和表 5-5。

表5-4　行政干部问卷调查样本构成（行政干部、督学、教研员）

类别	指标	人数（人）	占比（%）
部门	县区级教科研部门	626	45.93
	县区级教育行政部门	557	40.87
	地市级教科研部门	89	6.53
	地市级教育行政部门	80	5.87
	省级教科研部门	4	0.29
	省级教育行政部门	7	0.51
学历	大专	205	15.04
	本科	1114	81.73
	硕士	43	3.16
	博士	1	0.07

表5－5　学校管理人员问卷调查样本构成（校长、副校长、教务主任、教研主任）

类别	指标	人数（人）	占比（%）
性别	男	6356	56.39
	女	4916	43.61
学历	专科以下	81	0.72
	大专	2168	19.23
	本科	8820	78.25
	硕士	195	1.73
	博士	8	0.07
就职时间	不到3年	2518	22.34
	3~5年	1978	17.55
	6~10年	2216	19.66
	10年以上	4560	40.45
学段	小学	6465	57.35
	初中	3246	28.8
	九年一贯	1561	13.85
职级	校长	2697	23.93
	副校长	3144	27.89
	中层干部	5431	48.18
学校类型	公办	10927	96.94
	民办	345	3.06
学校所在地域	城区	4079	36.19
	郊区	1088	9.65
	农村	6105	54.16

（2）座谈访谈情况

选择各省、市、区（县）三级教育行政管理人员、三级专兼职督学和教研员及学校校长、副校长和学校中层干部（抽取城市、乡村、公办、民办的小学、初中各5所）。共计召开座谈会20余场，参与座谈的教育行政人员、督学、教研员、学校管理人员代表共329人。

座谈会均围绕四个核心问题展开。一是三级课程的实际管理主体是谁？即各级教育行政部门具体由哪些人、哪些具体管理机构在负责或参与三级课程管理。二是地方各级管理主体是如何管理三级课程的？具体包括出台了哪些政策文件和管理制度、采取了哪些指导和监督方式等。三是三级课程管理的实际效果如何？具体包括三级课程的实施情况和效果、形成了哪些有效课程管理经验、面临哪些管理上的问题和挑战等。四是对完善三级课程管理政策有何建议？通过聚焦核心问题，从省、市、区（县）和学校四个层面全面了解各省义务教育三级课程管理政策执行现状。同时，调研小组收集当地的三级课程管理政策文献。部分调研小组深入抽样学校对校长和一线教师进行访谈，了解三级课程管理的现状及问题，并收集典型案例，具体参与人员情况见表 5-6。

表 5-6　三级课程管理调研座谈会参与情况

序号	调研地点	区域/机构	座谈人员
1	北京市	东城区、朝阳区、通州区、房山区	选取北京市教委、北京市教科院相关人员，各区教委行政人员、督学、课程中心研究人员为代表，实到参会 16 人。
		西城区、海淀区、顺义区、门头沟区	选取各区 2 所小学、1 所初中和 1 所九年一贯制学校校长（副校长）代表，实到参会 17 人。
2	山东省	济南市、淄博市、泰安市	选取山东省、市、区三级的教育行政人员、督导和教育科研人员代表，实到参会 8 人。
		济南市、淄博市、泰安市	选取小学校长代表 6 人、初中校长代表 6 人，九年一贯制学校校长代表 2 人，实到参会 14 人。
3	浙江省	杭州市、宁波市、湖州市、绍兴市、衢州市、台州市、嘉兴市、金华市	选取浙江省、市、区三级的教育行政人员、督导和教育科研人员代表。其中省级代表 10 人，地市级代表 4 人，区县级代表 5 人，实到参会 19 人。
		杭州市、桐乡市、平湖市、湖州市、金华市、宁波市、嘉兴市	选取小学校长代表 10 人、初中校长代表 5 人，九年一贯制学校校长代表 5 人。其中杭州市校长 12 人、金华市校长 2 人、嘉兴市校长 2 人，其余各市校长 1 人，实到参会 20 人。

序号	调研地点	区域/机构	座谈人员
4	广东省	广州市越秀区、肇庆市端州区、清远市佛冈县、连南县	选取广东省教育厅、广州市教科院相关人员；各区教委行政人员、督学、课程中心研究人员代表，实到参会10人。
		广州市、四会市、清远市、肇庆市怀集县、清远市佛冈县	选取各市、区、县有代表性的5所小学，4所中学校长（副校长）及教研主任代表，实到参会9人。
5	山西省	太原市万柏林区、迎泽区、杏花岭区、清徐县；忻州市繁峙县、定襄县、忻府区、五寨县；阳泉市盂县、城区、平定县	选取各市教育局基础教育科、教研室、督导处；各区、县行政人员代表，实到参会25人。
		太原市万柏林区、尖草坪区；忻州市忻府区；阳泉市矿区、城区、盂县、平定县	选取太原市、忻州市、阳泉市各市分别抽样选取4~5所学校校长（副校长）代表，实到参会14人。
6	湖南省	长沙市芙蓉区、长沙县、常德市武陵区、澧县	选取湖南省教育厅、湖南省教科院相关人员、长沙市、常德市及部分区县相关行政代表，实到参会23人。
		长沙市芙蓉区、长沙县、常德市武陵区、澧县	选取各区2所小学、2所初级中学校长（副校长），实到参会17人。
7	四川省	成都市、眉山市和武侯区、青神县	选取四川省教育行政人员、督学、教研员代表，实到参会12人。
		双流区、邛崃市、东坡区、仁寿县	选取各城镇、农村、公办、民办义务教育学校校长（或教学副校长，需兼顾小学和初中）各1人，实到参会16人。
8	陕西省	西安市雁塔区、高陵区，咸阳市淳化县、三原县、兴平市、渭城区、秦都区，汉中市略阳县、洋县、城固县、西乡县	选取省教育厅基教处、教材处、督导处、教科院相关行政人员；各地市教研室、教科所相关行政人员代表，实到参会27人。
			选取中小学的校长和副校长，实到参会21人。

序号	调研地点	区域/机构	座谈人员
9	广西壮族自治区	柳州市、来宾市、钦州市	选取自治区、市、区三级的教育行政人员、督导和教育科研人员代表，实到参会 10 人。
		柳州市、来宾市、钦州市	选取小学校长代表 7 人、初中校长代表 6 人，实到参会 13 人。
10	新疆维吾尔自治区	自治区教育厅、教科院	选取自治区教育厅、自治区科院相关人员；自治区督学、课改办代表等，实到参会 18 人。
		乌鲁木齐市等	选取校长、主管课程教学的副校长、主任，实到参会 20 人。

（3）资料收集

收集 31 个省级教育行政部门及学校的课程管理政策相关文件，主要包括地方课程计划、课程管理办法、学校实施课程的指导意见、地方与学校课程管理与开发的指导意见、特色课程建设方案等。

二、我国义务教育三级课程管理实施的现状

国家、地方、学校三级课程管理政策经历了 20 多年的发展，已成为义务教育改革深入推进的有力保障。在中小学课程建设中，不同主体积极参与，简政放权、分级管理、分层实施、分类评价的局面已然形成，三级课程管理与实施取得了显著成效。

（一）三级课程管理的职能与权限认同度较高

新课改自 2001 年在全国推广，《国务院关于基础教育改革与发展的决定》《基础教育课程改革纲要（试行）》《义务教育课程设置试验方案》等课程政策和各学科的课程标准对课程理念、课程目标、课程管理等提出了新要求，教育行政管理部门、中小学校是如何理解的？是否认同这些理

念？这是课程改革效果和三级课程实施的前提和基础。

　　我国三级课程管理体制的实施是各级课程行政主体和基层课程实践者观念更新与态度转变的过程。调查表明，自三级课程管理体制正式建立以来，国家把课程管理权部分下放到地方和学校，各省（自治区、直辖市）的课程管理人员在意识上高度认可三级课程管理制度，对国家、地方和学校在课程管理上的职能和权限有明确的认识。对中小学学校管理人员的问卷和访谈调查显示，学校管理人员比较了解三级课程管理的职能，高度认可学校在三级课程管理中的权责。如图 5-1 所示，选择"比较了解"和"非常了解"三级课程管理职能的占比达到73%。方差分析表明在地域上存在显著性的差异（$P=0.05$），城区学校管理人员最为了解三级课程管理职能，郊区学校管理人员要比农村学校管理人员更了解三级课程管理职能；东部地区学校管理人员要比中、西部地区管理人员更为认可三级课程管理职能，中部地区学校管理人员要比西部地区学校管理人员更了解三级课程管理职能。

　　在"是否应当加大学校课程管理权"的问卷中，如图 5-2 所示，选择"非常同意"或"同意"的占比为80%。图 5-3 的调查发现，学校管理人员认可的学校课程管理职能按重要性排序为：适当增加学校每周自主安排的教学时间、有更多自主开发设置校本课程的课时比例空间、对国家课程门类结合学校实际进行适当整合、对国家课程方案进行整体校本化实施、对地方课程有更多的自主选择权、对国家课程的规定课时有适当的自行剪裁权（增加或减少）、对实施国家课程方案有更多的参与和建议权。如图 5-4 所示，学校享有的课程管理权限按重要性排序为：调整教学组织方式（如选课走班、研学旅行等）、调整师资配备、调整课时安排、课程资源开发、课程实施评价、调整课程门类和数量、课程经费管理使用、教材开发、设备设施配置、督导评估。显然，学校在三级课程管理中的作用得到了学校管理人员的普遍重视，各中小学在国家课程框架下，能够结合地方和学校实际，在职能担当和权限落实上探索出灵活有效的方式。此外，访谈调查也验证基层学校管理人员对学校在三级课程管理中的职能和权限有明确的认知和较高的认同度。

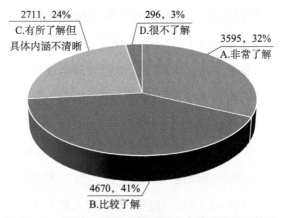

图5-1　对国家三级课程管理制度中的职能认识情况

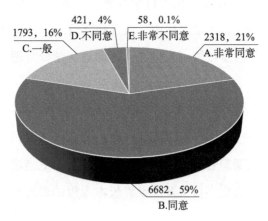

图5-2　加大学校课程管理权

对各地区教育行政人员的问卷和访谈调查表明，地方教育行政人员对地方在三级课程管理中的职能、权限有明确意识。表5-7所示，省级教育行政部门履行的管理职能主要包括：制订本省（自治区、直辖市）义务教育阶段的课程计划并报教育部备案；对各级地方课程和校本课程的开发和实施进行指导和监督；制定学校实施地方课程的指导性意见；组织专家或与专家合作开发地方课程（包括课程标准与教材）；通过申报、立项、审查地方教材的方式规范地方课程开发；通过下属各级地方教育行政部门负

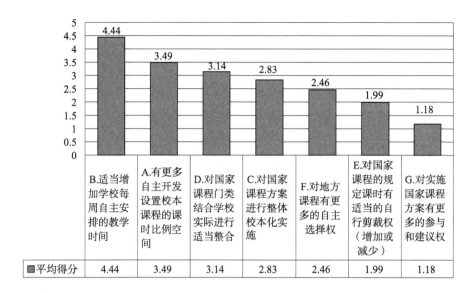

图 5-3 学校需要增加哪些课程管理职能

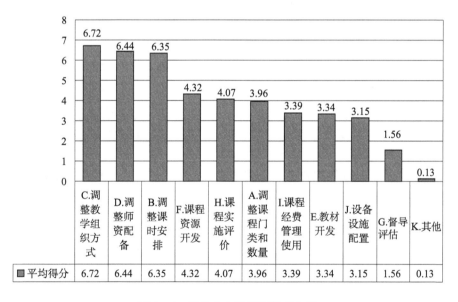

图 5-4 学校享有的课程管理权限

责监督与评估当地学校制订实施《学校课程计划》的具体方案，并具体指导学校开发校本课程，且意见较为统一，所占比例平均为 40% 以上。部分调查对象认为，省级教育行政部门还应该具有一些权限，如调整课程门类和数量、调整课时安排、调整师资配备、教材开发、课程资源开发、调整教学组织方式（如选课走班、研学旅行等）、课程实施评价、督导评估、课程经费管理使用。显然，调查了解的教育行政部门担当的课程管理职能符合《基础教育课程改革纲要（试行）》的基本规定，即"省级教育行政部门依据国家课程管理政策和本地实际情况，制订本省（自治区、直辖市）实施国家课程的计划，规划地方课程，报教育部备案并组织实施"。

表5-7 省级教育行政部门履行的课程管理职能

选 项	人数（人）	比例（%）
A. 制订本省（自治区、直辖市）义务教育阶段的课程计划并报教育部备案	705	51.72
B. 组织专家或与专家合作开发地方课程（包括课程标准与教材）	671	49.23
C. 通过申报、立项、审查地方教材的方式规范地方课程开发	579	42.48
D. 制定学校实施地方课程的指导性意见	683	50.11
E. 对各级地方课程和校本课程的开发和实施进行指导和监督	690	50.62
F. 通过下属各级地方教育行政部门负责监督与评估当地学校制订实施《学校课程计划》的具体方案，并具体指导学校开发校本课程	572	41.97
G. 不太清楚	244	17.9
H. 其他_____（请填写）	4	0.29

三级课程管理体制要进一步简政放权，加大省级人民政府发展和管理本地区教育权力及统筹力度，促进教育与当地社会经济发展的紧密结合，继续完善义务教育由地方负责、分级管理的体制。问卷调查表明，各地区教育行政人员多数认为三级课程管理模式实现了预期的目标。表5-8在调查三级课程管理模式是否实现"促进简政放权、完善分级管理"的效果时，有32.8%的人认为基本上实现，有41.45%的人认为实现了一部分。表5-9在调查三级课程管理模式是否实现"满足不同地方、学校和学生的需要，提高课程的适应性"方面的效果时，有31.55%的人认为基本上实现，有46.59%的人认为实现了一部分。

表 5-8　三级课程管理模式是否实现"促进简政放权、完善分级管理"的效果

选　项	人数（人）	比例（%）
A. 完全没有实现	33	2.42
B. 基本没有实现	136	9.98
C. 实现了一部分	565	41.45
D. 基本上实现	447	32.8
E. 完全实现	33	2.42
F. 不清楚	149	10.93

表 5-9　三级课程管理是否实现"满足不同地方、学校和学生的需要，提高课程的适应性"方面的效果

选　项	人数（人）	比例（%）
A. 完全没有实现	26	1.91
B. 基本没有实现	121	8.88
C. 实现了一部分	635	46.59
D. 基本上实现	430	31.55
E. 完全实现	32	2.35
F. 不清楚	119	8.73

总而言之，三级课程管理是国家课程管理的基本制度，经过义务教育阶段新课改 20 多年的实施，国家、地方和学校各司其职，各地方行政和学校管理人员高度认可三级课程管理的职能和权限要求，并能结合实际情况和需求，探索出有效落实三级课程管理体制的具体措施，较好地实现了三级课程管理政策的预期效果，推动了义务教育新课程改革的深入进行。

（二）三级课程管理的主体网络构建科学合理

经多年课程改革的实践，我国逐渐形成省（自治区、直辖市）、市（县）、校纵向运行和行政、科研与督导横向联动的三级课程管理主体网络。科学合理地设置三级课程管理机构、明确职责、组织实施，可以有效保障课程改革的深入推进。

从省级层面上看，既有各省教育厅基教处对三级课程管理的行政领导，又有各省级教科研部门的专业支持。从市（县）级层面上看，既有市县教育局的行政管理，又有市县教科院（所）或教研室的科研指导，还有市县级督导室的指导。有的市（县）依托教研部门进行管理，未设置专门的课程管理机构和人员，该情况占比为29.86%（见表5－10）。地方课程管理的人员构成比较合理，教育研究与管理人员占据了主体（见表5－11）。

表5－10　三级课程管理相应的管理机构设置情况

选　项	人数（人）	比例（%）
A. 您所在省设置了省级课程管理机构	1238	90.83
B. 您所在地市设置了地市级课程管理机构	1058	77.62
C. 您所在县（区）设置了县区级课程管理机构	729	53.48
D. 依托教研部门进行管理，未设置专门的课程管理机构和人员	407	29.86
E. 不清楚	120	8.8
F. 其他	15	1.1

表5－11　当地课程管理的人员构成情况

选　项	人数（人）	比例（%）
A. 主要是从事学科（课程）研究与管理的人员	590	43.29
B. 主要是从事教学研究与管理的人员	855	62.73
C. 主要是教育督导评价人员	440	32.28
D. 主要是其他教育行政人员	369	27.07
E. 不清楚	190	13.94
F. 其他_____（请填写）	22	1.61

从学校情况来看，不少中小学设置了专门的机构——课程中心或者课程研究部门，专门负责管理学校课程建设的相关事宜。从学校课程管理机构的人员构成上看，主要包括校长、副校长、教师和课程专业人员，有些学校的课程管理机构还包括学生、家长、社区成员等，具有广泛的代表性（见表5－12）。

表 5 – 12　学校课程机构的组成人员

选　项	人数（人）	比例（%）
A. 校长	5046	76. 11
B. 副校长	6134	92. 52
C. 教师	5913	89. 19
D. 学生	1554	23. 44
E. 家长	1542	23. 26
F. 社区成员	566	8. 54
G. 课程专业人员	2877	43. 39
H. 其他＿＿＿＿＿　（请填写）	451	6. 8

在座谈中发现，不同层级的课程管理机构通过督导、质量监控、项目研究等多种途径，开展合作研讨，以完善三级课程管理为目标，实现联动发展。由此可见，各省（自治区、直辖市）形成了一个纵横交错的三级课程管理网络，既确保了管理的科学合理性，又保证了管理的实效性。

（三）国家课程管理实施的顺畅度逐步提高

国家课程是针对公民的基本素质提出的要求，是义务教育的必修课程，国家课程的开齐、开足和有效实施既是受教育者的基本权利，也是保证我国国民基本学力和素质的重要抓手。因此，在三级课程管理体制下，考察国家课程的管理和实施效果具有重要的意义。

对省级教育行政人员的问卷调查表明，国家课程实施与管理的主要依据，按选择频度高低排列依次为国家出台的《义务教育各学科课程标准》(实验版与修订版)、国家出台的《基础教育课程改革纲要（试行)》、国家出台的《义务教育课程设置实验方案（2001 年)》、国家出台相关的课程政策与管理办法和解读等。各省级教育行政部门探索出多样化的具体途径来落实国家课程，主要包括督导检查、制定政策文件、培训指导、统筹规划和质量监控（见表 5 – 13)。部分教育行政人员认为，各地区曾调整过国家课程，一般通过增加、减少、整合国家课程的门类和课时等方式来实现，而调整国家课程的原因主要是适应本省中小学教育教学的实际需要（见表5－14）。

表5－13　省级教育行政部门落实国家课程的具体方式和途径

选　项	人数（人）	比例（%）
A. 统筹规划	1008	73.95
B. 制定政策文件	1114	81.73
C. 督导检查	1132	83.05
D. 质量监控	971	71.24
E. 培训指导	1078	79.09
F. 其他＿＿＿＿＿＿（请填写）	11	0.81

表5－14　各地区调整国家课程的原因

选　项	人数（人）	比例（%）
A. 遵循省级主要领导批示	117	8.58
B. 遵循省级教育部门主要领导指示	231	16.95
C. 相关课程管理与研究机构建议	311	22.82
D. 适应本省中小学教育教学的实际需要	564	41.38
E. 不清楚	61	4.48
F. 其他＿＿＿＿＿＿（请填写）	7	0.51

关于国家课程实施情况的调查数据表明，大多数学校管理人员认为其所在学校已经开齐了规定的国家课程，极少数的学校管理人员回答所在学校没有开齐规定的国家课程。在国家课程能否开足课时的调查中，大多数的学校管理人员反映能够开足课时。国家课程校本化实施方式是保证国家课程有效落实的重要途径，各地区中小学探索出了有效的校本化实施方式，主要包括：明确校本化课程实施目标、制定校本化学习质量评价标准、整合国家课程门类、对国家课程进行分层分类、调整国家课程课时的方式（见表5－15）。方差分析表明，城区学校在明确校本化课程目标、制定校本化学习质量评价标准、整合国家课程门类上要显著好于郊区和农村学校，而农村学校在对国家课程进行分层分类实施上要显著好于城区学

校，郊区学校在调整国家课程课时上要显著好于农村和城区学校。

表5－15　国家课程校本化实施的方式

选　项	人数（人）	比例（%）
A. 整合国家课程门类	5911	52.44
B. 调整国家课程课时	2817	24.99
C. 明确校本化课程目标	8394	74.47
D. 对国家课程进行分层分类实施	5206	46.19
E. 制定校本化学习质量评价标准	6045	53.63
F. 以上方式都未采取过	743	6.59
G. 其他方式＿＿＿＿＿＿（请填写）	133	1.18

此外，对国家课程开设不齐或不足的学校，地方教育行政部门往往要采取一定的措施来进行管理，主要为调研后提出整改意见、进行问责、通报、约谈、在评估验收中一票否决（见表5－16）。

表5－16　地方教育行政部门对国家课程开设不齐或不足的学校的处理

选　项	人数（人）	比例（%）
A. 通报	596	43.73
B. 约谈	560	41.09
C. 进行问责	623	45.71
D. 在评估验收中一票否决	503	36.9
E. 调研后提出整改意见	1012	74.25
F. 原因太复杂没办法解决	116	8.51
G. 其他＿＿＿＿＿＿（请填写）	24	1.76

由以上调查结果可知，各地教育行政部门和基层学校在课程管理中严格执行国家三级课程管理模式，在课程管理上，能够做到有法可依、有章可循、违规必究；在课程落实上，能够结合地方实际探索出多样化的有效途径，能够根据学校实际需求对国家课程进行一定调整；在课程实施上，能够坚持开齐开足国家课程，并探索有效方式来保证国家课程的校本化实

施；城市、郊区和农村学校因地制宜实施国家课程，创造出宝贵的课程管理和实施经验，使国家课程的权威性、强制性、标准性得以顺利实现。

（四）地方课程管理实施的运行效果良好

地方课程指的是地方根据本地实际和特殊需求而开发和设计的课程，发展地方课程有助于建立民主开放的课程结构体系、课程开发体系和课程管理体系。我国三级课程管理模式为地方课程的开发、实施、评价提供了民主、灵活、开放的空间。因而，地方课程管理与实施的良好效果是三级课程管理模式健康运行的必要元素。

对省级教育行政人员的调查数据表明，地方课程规划与开发的主要依据是本地区中小学教育教学的实际需要、相关课程管理与研究机构的意见（见表5-17）。各省对地方课程实施与管理的主要依据是根据实际情况研制的省（地方）级义务教育课程设置、实施、管理办法或方案（见表5-18）。调查发现，地方课程管理一般需要经过报备、立项、研发、论证、培训、审查、评估、督导等程序。方差分析表明，农村学校选择报备程序的频率非常显著地高于城市和郊区学校，郊区学校选择立项程序的频率显著高于城市和农村学校，城市和郊区学校选择研发程序的频率都显著高于农村学校。

表5-17 地方课程规划与开发的依据

选　项	人数（人）	比例（％）
A. 省、市、县（区）级主要领导批示	250	18.34
B. 省、市、县（区）级教育部门主要领导指示	490	35.95
C. 相关课程管理与研究机构意见	723	53.04
D. 相关职能部门（如禁毒办、民族机构）的要求	372	27.29
E. 本省、本地区中小学教育教学的实际需要	947	69.48
F. 其他＿＿＿＿＿＿（请填写）	38	2.79

表 5 – 18　地方课程实施与管理的依据

选　项	人数（人）	比例（%）
A. 根据省（地方）实际情况研制的省（地方）级义务教育课程设置、实施、管理办法或方案	1092	80. 12
B. 未制定省（地方）级课程实施与管理办法，直接依据国家颁布的《义务教育课程设置实验方案（2001 年)》和相关政策	243	17. 83
C. 不太清楚	199	14. 6
D. 其他_____（请填写）	16	1. 17

　　对学校管理人员的调查表明，地方课程在学校中的开设门类数主要为
1~3 门（见表 5 – 19）。方差分析表明，城郊学校开设地方课程门类数要
显著高于城区学校和农村学校。与城市和农村学校相比，城郊学校反映地
方课程的开设更多的是依据地市级教育行政部门的要求。此外，调查结果
表明，各省中小学的地方课程实施效果良好（见表 5 – 20）。方差分析表
明，地方课程在实施、评价上，城区学校都要显著地好于城郊和农村学
校，教育行政部门对农村学校实施地方课程的效果监督频率也显著高于城
郊和城区学校。区域方差分析表明，东部省份在地方课程开设效果上要显
著好于中西部地区。（$P = 0.01$）

表 5 – 19　学校开设地方课程的门数

选　项	人数（人）	比例（%）
A. 0	677	6. 01
B. 1	2300	20. 4
C. 2	3016	26. 76
D. 3	2559	22. 7
E. 4	1195	10. 6
F. 5	1111	9. 86
G. 以上都不是_____（请填写具体数量）	414	3. 67

表 5-20 地方课程开设的效果

选 项	人数（人）	比例（%）
A. 非常好	2376	21. 08
B. 比较好	5645	50. 08
C. 一般	2838	25. 18
D. 不太好	413	3. 66

由以上调查数据可见，在三级课程管理模式下，各地区和学校高度重视和践行地方课程的管理与实施。各地通过教育行政机构的积极统筹和主动谋划，以及相关课程管理与研究机构开展的专业引领和业务督导，使地方课程规划与开发能够密切结合本地实际情况，地方课程的目标和职责得以明晰；各地区中小学能够依据自身需求和实际，遵循科学而有效的流程来规范管理和使用地方课程，从而保证地方课程实施的清晰度、适切度和高效度。

（五）校本课程管理实施的特色鲜明满意度高

三级课程管理体制经过多年实施，校本课程已经成为义务教育中小学彰显特色的一道亮丽风景，校本课程管理与实施取得了令多方满意的效果。调查表明，学校实施与管理课程的主要依据按重要性依次排列为：国家出台的《义务教育课程设置实验方案》及相关政策文件、主要依据省级（地方）研制的课程实施与管理办法或实施方案、根据学校实际研制的课程实施与管理办法或实施方案。校本课程管理的重点环节（见图5-5），按重要性依次排序为：课程实施、科学研发、课程评价、立项论证、上级监督、报备。显然，学校课程管理严格按照国家教育政策要求和课程改革文件精神进行，体现出学校层面课程管理的严谨性和科学性。

校本课程可以由学校自主开发，也可以由学校根据需要选用，表现出一定的灵活性和选择性（见表5-21）。中小学开设校本课程的门类数多数为1~10门（见表5-22），有的学校开设校本课程达到51门以上。对学

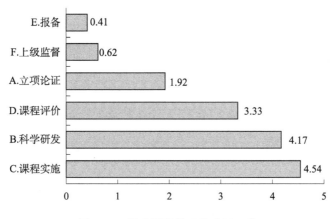

图 5 - 5　校本课程管理的重要环节

校管理人员的调查数据表明，校本课程主要由教师团队共同开发而来（见表 5 - 23），专门人员、学生和家长也积极参与学校课程开发，呈现出校本课程开发主体多方联动的良好局面。

表 5 - 21　校本课程的开发或选用情况

选　项	人数（人）	比例（%）
A. 全部由学校自主开发	2023	17.95
B. 全部是选用的	1720	15.26
C. 开发和选用的各一半左右	2229	19.77
D. 大部分是学校自主开发的，少部分是选用的	2787	24.72
E. 少部分是学校自主开发的，大部分是选用的	2513	22.29

表 5 - 22　学校开设的校本课程门数

选　项	人数（人）	比例（%）
A. 0	703	6.24
B. 1 ~ 10	8438	74.86
C. 11 ~ 20	1110	9.85
D. 21 ~ 30	511	4.53
E. 31 ~ 40	234	2.08
F. 41 ~ 50	165	1.46
G. 51 以上_____（请填写具体数量）	111	0.98

表 5 - 23　校本课程开发的主体

选　项	人数（人）	比例（%）
A. 教师单独自主开发	866	7.68
B. 教师团队共同开发	6716	59.58
C. 师生共同开发	915	8.12
D. 教师和家长共同开发	267	2.37
E. 学校组织专门团队开发	2508	22.25

　　上述数据表明，校本课程的管理有着充足的政策性依据和合理性诉求，而学校层面课程管理的环节凸显课程的实施、研发和评价的重要性，也是三级课程管理模式的基本要求。校本课程的开设种类丰富，满足了学生个性化发展的需求，转变了学生的学习方式，彰显了学校特色，如调研和访谈中各中小学展现的插花、烹饪、缝纫、手工操作、书法等校本课程，有的甚至成为地方基础教育改革中的亮丽名片。此外，课程开发主体的多元化发展，满足了不同主体参与课程建设的需求，为课程管理实践和义务教育课程改革的深入推进带来了活力，为三级课程管理体制的落实与完善提供了宝贵经验。

（六）三级课程管理实施的经验做法

1. 北京市

　　调查问卷结果表明，北京市较好落实了课程管理职责，其中最被认可的是"对各级地方课程和校本课程的开发和实施进行指导和监督"与"组织专家或与专家合作开发地方课程（包括课程标准与教材）"（见表 5 - 24），具体包括五个方面。

表 5 - 24　北京市教育行政部门所履行的课程管理职能情况

选　项	人数（人）	比例（%）
A. 制订本省（自治区、直辖市）义务教育阶段的课程计划并报教育部备案	50	73.53

续表

选　项	人数（人）	比例（%）
B. 组织专家或与专家合作开发地方课程（包括课程标准与教材）	56	82.35
C. 通过申报、立项、审查地方教材的方式规范地方课程开发	53	77.94
D. 制定学校实施地方课程的指导性意见	40	58.82
E. 对各级地方课程和校本课程的开发和实施进行指导和监督	59	86.76
F. 通过下属各级地方教育行政部门，负责监督与评估当地学校制订实施《学校课程计划》的具体方案，并具体指导学校开发校本课程	48	70.59
G. 不太清楚	2	2.94
H. 其他＿＿＿＿＿＿＿（请填写）	1	1.47

　　一是制订地方和学校课程计划。北京市市级实施的是 2015 年北京市教育委员会出台的《北京市实施教育部〈义务教育课程设置实验方案〉的课程计划（修订）》；各区县也随之制订了相应的课程计划并报市教委备案，比如《西城区九年义务教育课程计划（修订）》《朝阳区义务教育三级课程整体建设一体化课程方案（试行）》《海淀区实施〈北京市义务教育课程设置实验方案〉的课程计划（修订）》等；中小学校也必须制订相应课程方案，定期报区教委备案，比如西城区中小学每年开学两周内向区教委上报学年课程方案。在调研中，大部分的学校管理人员认为本校有"落实国家、地方和学校课程的整体实施方案"。

　　二是开发地方课程和校本课程。北京市地方校本课程的开发是由市和区两级来负责，市级主要开发专题教育综合课程，如："我爱北京""中华优秀传统文化"等；区县结合区域特点，开发有地方特色的课程，比如"走进西城""通州区地理"等。地方课程的实践效果比较好，受到大多数学校的认可。北京市大部分中小学也自主开发各种校本课程（见表 5 - 25），对于学校自己研发开设的校本课程，其中多数学校管理人员提出是由"教师团队共同开发"，还有少数学校管理者认为由"学校组织专门团队开发"（如表 5 - 26）。

表 5 – 25　北京市学校校本课程的开发或选用情况

选　项	人数（人）	比例（%）
A. 全部由学校自主开发	296	31.66
B. 全部是选用的	47	5.03
C. 开发和选用的各一半左右	174	18.61
D. 大部分是学校自主开发的，少部分是选用的	321	34.33
E. 少部分是学校自主开发的，大部分是选用的	97	10.37

表 5 – 26　学校研发开设的校本课程情况

选　项	人数（人）	比例（%）
A. 教师单独自主开发	37	3.96
B. 教师团队共同开发	623	66.63
C. 师生共同开发	23	2.46
D. 教师和家长共同开发	46	4.92
E. 学校组织专门团队开发	206	22.03

　　三是审议备案。对于教材而言，北京市对地方课程教材的编写条件、受理范围和审查程序等有明确的规定，定期组织专家按照《北京市中小学地方教材审查标准》对地方课程教材进行审议，只有通过审议的教材才能被列入学校的教材目录中；北京市原则上不鼓励学校编写校本教材，所以校本课程主要使用课程纲要或者资料汇编。对于课程方案，一方面，区县制订的课程方案要报北京市教委备案；另一方面，学校的课程计划也要定期报区教委备案。对于校本课程，区县要求学校定期上报校本课程方案。以东城区为例，每学年之初要求各校将校本课程以课程纲要的形式提交给东城区研修学院审查备案。

　　四是课程指导。北京市、区两级根据课程改革的需要，及时对中小学课程进行指导。每出台一次重大课程文件，北京市紧接着会出版相应的《指导手册》，在实践操作层面做出相应的指导。较多校长在访谈中指出，区域特别重视对学校课程建设的指导，及时跟进对课程政策的解读和培训，既包括校长培训，也包括中层管理人员和骨干教师培训。顺义区还将学校分为基础类、种子类和创新类，根据不同类型的学校开展有针对性的课程培训、课例研讨等。朝阳区在发现学校课程建设中的优秀案例时会及时指导并将其"放大"，通过召开现场会的形式引导更多学校开展课程建设。根据调研情况来看，区域对校本课程的指导和监督比较到位（见表5-27）。

表5-27 北京市对校本课程进行指导和监督的措施

选 项	人数（人）	比例（%）
A. 要求下属各级教育行政部门指导学校开发校本课程	50	73.53
B. 要求基层教育行政部门审议学校校本课程方案，反馈审议意见	58	85.29
C. 要求学校每学年向基层教育行政部门报备校本课程方案	57	83.82
D. 要求基层教育行政部门对学校校本课程实施效果进行监测	50	73.53
E. 学校开发的校本课程门类太多，没法管理	4	5.88
F. 其他_____（请填写）	1	1.47

五是监督评价。北京市各区都很重视采取多种方式对学校课程建设进行督导评价。既有集中的专项督导，比如朝阳区教委每年有一个月专用于督导学校课程教学，了解学校教导处大课表、学生自己的真实课表，还通过学生座谈会、进班听课、查看教案、审阅校本课程相关材料等多种形式进行督导；又有定期督导，如通州区每个督学每月定期到对口学校进行指导。

2. 山东省

一是三级课程管理制度不断健全。山东省根据国家义务教育课程方案，研制、颁发符合本省实际的义务教育课程设置方案，如《山东省义务教育地方课程和学校课程实施纲要（试行）》和《山东省义务教育地方课程和学校课程设置指导意见（试行）》等文件，明确义务教育学校的课程结构、课程门类、课时安排等，切实保障国家课程的基础性地位，并确保地方课程、学校课程的开设符合要求。同时，还通过强化教材管理来加强课程管理工作。自2001年以来，山东省教育厅制定了相关文件对中小学教材选用管理、地方课程教材编写审定使用管理进行规范。与此同时，成立山东省中小学教材审定委员会和学科审查委员会，全面负责地方课程教材的定期审定。

二是多种方式促进三级课程管理政策落实。在三级课程管理实施过程中，山东省采取了多种方式保证三级课程管理的有序推进，在确保国家课程开齐开足的同时，赋予地方、学校较大的自主空间。在国家课程的管理中，主要采用制定政策文件、督导检查、培训指导等方式展开。目前，山东省对国家课程的开设情况较好，对于不按规定开设国家课程的学校，各级教育行政部门采取提出整改意见、通报、约谈、在评估验收中一票否决等措施。

调研表明，山东省义务教育阶段学校基本都已开设地方课程，其中，33.01%的学校开设3门地方课程，27.11%的学校开设了4门地方课程，21.93%的学校开设了5门地方课程（见表5-28）。

表5-28　山东省义务教育学校地方课程开设情况

选项	人数（人）	比例（%）
A. 0	3	0.36
B. 1	40	4.82
C. 2	82	9.88
D. 3	274	33.01
E. 4	225	27.11
F. 5	182	21.93
G. 以上都不是_____（请填写具体数量）	24	2.89

学校作为课程管理主体之一，不仅要落实国家课程、地方课程，还要开发校本课程，调研数据表明，山东省义务教育阶段中有95.78%的学校制定了课程方案（见表5-29）。60%的学校开设了1~10门的校本课程，21.57%的学校开设了11~20门校本课程（见表5-30）。

表 5 – 29　山东省义务教育学校课程方案制定情况

选项	人数（人）	比例（%）
A. 有	795	95.78
B. 没有	35	4.22

表 5 – 30　山东省义务教育学校校本课程开设情况

选项	人数（人）	比例（%）
A. 0	3	0.36
B. 1 ~ 10	498	60
C. 11 ~ 20	179	21.57
D. 21 ~ 30	65	7.83
E. 31 ~ 40	41	4.94
F. 41 ~ 50	25	3.01
G. 51 以上＿＿＿＿＿（请填写具体数量）	19	2.29

3. 浙江省

一是努力保障三级课程管理效果。据调查可知，浙江省义务教育阶段的学校基本开齐、开足了课程方案中规定的课程门类和课时数（如表 5 – 31、表 5 – 32 所示）。与此同时，为了推进三级课程管理的科学有序开展，采用了多种方式，具体包括：（1）持续开展专题研究。在推进三级课程管理制度过程中，一直强调地方各级教研部门和各类教育科研人员的参与。无论是创造性落实国家基础性课程，还是高质量开发地方和校本课程，教育行政部门统筹推进，广泛组织专业研究人员，通过开展研究总结经验，然后再发布指导性意见逐步稳妥推进。（2）持续强化师资培训。要求各地教育行政部门加强对中小学校长和教师的各类专项培训，提升校长课程领导力，提高教师课程开发开设能力。同时要求省内师范院校改进教师培养模式，扩大培养小学全科教师。加强在职教师兼任学科的专业培训，培养"一专多能"的中小学骨干教师。（3）持续提供配套资源。三级课程管理的有效实施，既需要省级教育行政部门为地方各级教育部门和学校提供有力的智力资源和政策资源支持，同时还需要提供能够支撑三级课程有效实施的硬件资源。自 2015 年起，浙江省不断加强阅览室、实验室、专用教室、活动场地的建设和管理，加快"书香校园""数字校园""美丽校园"建设，为有效实施各类课程、促进学生自主选择学习提供有力的保障条件。

表 5 – 31 学校是否开齐了课程方案中规定的课程门类

选　项	人数（人）	比例（%）
A. 是	717	99.17
B. 否	6	0.83

表 5 – 32 学校是否开足了课程方案中规定的各课课时

选　项	人数（人）	比例（%）
A. 是	712	98.48
B. 否	11	1.52

　　二是不断加强对学校课程管理的专业指导和监督。在深入推进课改，落实国家三级课程管理制度的过程中，十分重视对地方和学校的专业指导。在学校获得上级教育行政部门的指导和监督情况的调查中，近 92% 的学校接受过指导监督（见表 5 – 33）。浙江省每推进一次具体的课程改革，都要研究制定详细的具体指导意见并以正式文件的形式颁布，同时要求地方教育行政部门采取各种措施加强对中小学校长的课改专项培训。提高校长的课程领导力，提高教师的课程开发和开设能力。2015 年，还专门成立了 10 个深化义务教育课程改革专题研究组，通过总结经验，编写指导手册等专题研究方式深入指导基层学校的课程改革和管理工作。

表 5 – 33 学校获得的上级教育行政部门的指导和监督情况

选　项	人数（人）	比例（%）
A. 国家课程校本化执行	353	48.82
B. 地方课程实施	472	65.28
C. 校本课程开发	589	81.47
D. 以上都有	665	91.98
E. 以上都没有	58	8.02

除上述专业指导外，浙江省还非常重视采取多种方式对学校课程管理进行专业督导评价。从频率来看，各地对学校课程管理几乎每学期都有相应的指导监督活动，频率达到65.42%（见表5-34）。从监督的方式来看，既有专项的专业检查，还有督导部门的专业化督导考核，如宁波市定期会由市教育局基教处联合教研室对三级课程落实情况进行专项检查指导，同时市教育督导部门还专门制定了发展性督导评估指标，学校课程规划和拓展性课程建设实施是其中重要的指标之一。

表5-34　上级教育行政部门对学校课程实施的指导和监督频率

选　项	人数（人）	比例（%）
A. 每周一次	29	4.01
B. 每月一次	66	9.13
C. 每学期一次	473	65.42
D. 每年一次	119	16.46
E. 基本没有	36	4.98

4. 广东省

一是全面实施教育创强工作，加快推进教育现代化进程。首先，广东省人民政府高度重视基础教育工作，于2001年相继建立了教育强镇和教育强县（市、区）督导制度，明确了督导评估标准及要求，其中三级课程管理与实施是工作的重要内容，各市根据"分类指导、分步推进"的原则，使广东省掀起了创建工作的热潮。2016年，"广东省教育强县（市、区）"和"广东省教育强市"覆盖率均达85%以上。[1] 2018年，推进教育现代化先进县（市、区）达111个，覆盖率达87.4%。[2] 其次，随着工作的不断推进，出台了一系列的规章制度，如《广东省教育创强督导验收办法》

---

[1]　广东省人民政府关于推进我省教育"创强争先建高地"的意见［EB/OL］.（2013-02-22）［2023-03-01］. https：//www. gd. gov. cn/gkmlpt/content/0/141/post_141668. html#7.
[2]　广东从教育大省迈向教育强省［EB/OL］.（2019-03-12）［2023-03-01］. https：// news. southcn. com/node_54a44f01a2/0e915c4611. shtml.

《关于做好教育强镇（乡、街道）复评工作的通知》《广东省人民政府关于推进我省教育"创强争先建高地"的意见》等。对这一工作的全面实施，使广东省的教育发展水平不断提升，教育质量持续提高，为办好人民满意的教育，建设教育强省、推进教育现代化做出了不懈的努力。

二是实现国家课程校本化，打造"一课一精品"。在坚持国家课程改革纲要基本精神的前提下，学校根据自身性质、特点和条件，从国家层面上进行规划与设计，并面向全国所有学生，将有计划的学习经验转变为适合本校学生学习需求的创造性实践。由此来看，广东省教育部门在国家课程校本化工作方面付出了较大努力。首先，能够准确把握其实施的核心问题，通过对国家课程的再认识、再组合、再创造，结合学校实际情况和学生个性要求，形成多样化的课程体系，各校致力于打造"一课一精品"，满足不同地方、学校和学生的需要，提高课程的适应性（见表5－35）。其次，对教材进行重构与整合，为学生提供了优质的教育资源。

表5－35 "满足不同地方、学校和学生的需要，提高课程的适应性"方面效果

选 项	人数（人）	比例（%）
A. 完全没有实现	1	1.96
B. 基本没有实现	1	1.96
C. 实现了一部分	27	52.94
D. 基本上实现	18	35.29
E. 完全实现	2	3.92
F. 不清楚	2	3.92

三是完善地方课程建设，充分发挥育人价值。广东省为了深入推进教育领域综合改革，建设具有特色的基础教育课程教材体系，进一步加强地方课程建设与管理，切实增强地方课程育人实效。在2016年颁布了《广东省教育厅关于中小学地方综合课程的指导纲要（试行）》，对地方课程的框架结构和内容体系进行了整合，形成了生命与安全、文明与法治、社会与文化、学习与发展四个领域。其中社会与文化的内容包括广东风情、广东海洋、广东历史、广东地理、广东艺术、广东现代化之路、岭南文化等

地方特色资源，该课程有效促进了广东中小学生学习、传承岭南优秀文化，取得了突出的成绩与效果。为进一步完善和规范中小学地方课程教材编写、审定和使用工作的管理，2017 年重新修订和颁布了《广东省教育厅关于广东省中小学地方课程教材审查的管理办法》，广东省地方课程逐步完善与丰富，"2021 年有关教材编写单位、团体或个人通过网上申报和递交纸质材料方式共提交了 60 套中小学地方课程教材审查的申请，其中审定教材 7 套、复查教材 53 套"❶。审核通过的教材，由地方自由选择，并且对其有严格的目录管理。

5. 山西省

一是多方力量保障和促进三级课程的管理。调查问卷指出，在当地课程管理人员构成中，包括从事课程研究与管理的人员、教学研究与管理的人员、教育督导评价的人员以及其他教育行政人员（见表 5－36），多方力量共同保障和促进三级课程的管理。从访谈过程来看，各市的基础教育行政部门、教研部门、督导部门和各区县相关部门共同促进三级课程的管理工作。从学校层面来看，参与问卷调查的学校管理等人员共计 1081 人，其中对本校设有专门课程管理机构持肯定态度的有 568 人，并根据实际情况回答了管理机构人员构成情况。从构成来看，校级领导及教师构成了学校三级课程管理的主体，并联合学生、家长、课程专业人员以及社区成员等共同决策，促进课程管理的实施（见表 5－37）。

表 5－36　当地课程管理的人员构成情况

选　项	人数（人）	比例（%）
A. 主要是从事学科（课程）研究与管理的人员	50	33.78
B. 主要是从事教学研究与管理的人员	85	57.43
C. 主要是教育督导评价人员	40	27.03

---

❶　广东省教育厅关于公布 2018 年地方课程教材审查结果的公告［EB/OL］．（2021－12－21）［2023－03－01］．http：//edu.gd.gov.cn/zwgknew/gsgg/content/post_3730754.html.

选 项	人数（人）	比例（%）
D. 主要是其他教育行政人员	27	18.24
E. 不清楚	25	16.89
F. 其他_____（请填写）	3	2.03

表 5 – 37　学校课程机构的组成人员

选 项	人数（人）	比例（%）
A. 校长	438	77.11
B. 副校级干部	530	93.31
C. 教师	508	89.44
D. 学生	126	22.18
E. 家长	127	22.36
F. 社区成员	39	6.87
G. 课程专业人员	212	37.32
H. 其他_____（请填写）	31	5.46

二是依据教育教学发展的实际需要促进地方课程和校本课程的开发。调查问卷设置了如下题目："您所在省各级地方课程的规划与开发，主要是依据_____（可多选）"，从结果来看，"本省、本地区中小学教育教学的实际需要"所占的百分比最高，为70.95%（见表 5 – 38）。可见，在地方课程的规划和开发方面，山西省能够充分考虑实际教学的需要，从实践和发展出发促进课程建设，开展专题教育、心理健康教育、安全教育、法治教育以及省情教育等多门地方课程，并结合各市、县的实际情况，开设富有地方特色的课程。如新绛县开发的地方课程"鼓乐"课程，晋中和顺县开发的地方课程"跟着古志游和顺"等。在校本课程方面，各地中小学结合地域特色和学校特点开发了相关的校本课程。如介休小学的"绵山文化"、平遥小学的"晋商文化"、永济实验小学的"可爱的永济"、河津实验中学的"龙门文化"、翼城北关小学的"翼城花鼓"以及垣曲中学的"舜乡文化系列校本课程"等。太原尖草坪区科技实验小学前身是军工企

业子弟学校，在校本发展过程中充分利用了家长的工程技术优势，开发校本课程。

表5-38 地方课程的规划与开发依据

选 项	人数（人）	比例（%）
A. 省、市、县（区）级主要领导批示	17	11.49
B. 省、市、县（区）级教育部门主要领导指示	41	27.7
C. 相关课程管理与研究机构意见	62	41.89
D. 相关职能部门（如禁毒办、民族机构）的要求	21	14.19
E. 本省、本地区中小学教育教学的实际需要	105	70.95
F. 其他_____（请填写）	1	0.68

三是多方举措，促进三级课程的建设和发展。从调查问卷来看，针对国家课程的管理，设置了如下题目："省教育行政部门采用哪些具体的方式和途径来落实国家课程的？_____（可多选）"，从结果来看，所占比最高的选项为督导检查，其次依次是培训指导、制定政策文件、统筹规划、质量监控等，且五个选项的比例均在69.59%以上（见表5-39）。从访谈结果来看，山西省对于国家课程的开设情况基本良好，可见在国家课程的管理方面多管齐下，有效保障了国家课程的实施。阳泉市作为中考试点市，积极探索课程与中考制度的配合机制，在所有开设的国家课程中，鉴于城乡差异导致的教学水平差异较显著，考虑到中考的公平性，音乐和美术没有进中考，其他科目均作为中考的考试科目，促进国家课程的良性发展。

表5-39 国家课程落实的方式和途径

选 项	人数（人）	比例（%）
A. 统筹规划	107	72.3
B. 制定政策文件	117	79.05
C. 督导检查	125	84.46
D. 质量监控	103	69.59
E. 培训指导	121	81.76
F. 其他_____（请填写）	2	1.35

关于地方课程，调查问卷设置了如下题目："您所在地区的地方课程需要经过_____（可多选并按流程排序）程序方可实施"，从结果来看，得分从高到低依次为立项、报备、研发、培训、论证、审查、评估、督导等，从多方面保障地方课程的开设与发展（见表5-40）。从访谈结果来看，山西省在地方课程管理方面进行了有效的尝试，使地方课程的开设与中考考试制度相结合，地方课程里的安全课程、法制教育、综合实践活动课程列入中考，作为学生进入高中学习的前提，制定考察标准，以县统一组织考察，以等级赋分，从而促进地方课程在学校的有效开展。

表5-40　地方课程实施的程序

选　项	平均综合得分
B. 立项	5.65
A. 报备	5.44
C. 研发	5.13
E. 培训	4.08
D. 论证	3.9
F. 审查	3.68
G. 评估	3.39
H. 督导	2.72
I. 其他_____（请填写）	0.31

针对校本课程，山西省也出台多项措施促进校本课程的管理。如要求基层教育行政部门对学校校本课程实施效果进行监测；要求学校每学年向基层教育行政部门报备校本课程方案；要求下属教育行政部门指导学校开发校本课程；要求基层教育行政部门审议学校校本课程方案，反馈审议意见等（见表5-41）。从监测、报备、研发、审议各方面促进校本课程的开设和发展，虽然有14.19%的参与者表示学校开发的校本课程门类太多，没法管理，但是并不影响校本课程在一些学校的健康发展。从访谈结果来看，校本课程由于学校规模和学校各项条件等的影响发展水平参差不齐，但很多学校的校本课程发展成果显著。如阳泉市城区新华小学在地方和校

本课程方面开发了"A+"课程体系，如语文+阅读、文学赏析、国学经典诵读，数学+趣味数学，体育+球类、形体操、武术、少年警校，艺术+民乐、书法、版画、手工制作，信息技术+创客机器人、人工智能、3D打印，研究性学习+远足研学等。

表5-41　对校本课程指导和监督的举措

选　项	人数（人）	比例（%）
A. 要求下属各级教育行政部门指导学校开发校本课程	83	56.08
B. 要求基层教育行政部门审议学校校本课程方案，反馈审议意见	72	48.65
C. 要求学校每学年向基层教育行政部门报备校本课程方案	84	56.76
D. 要求基层教育行政部门对学校校本课程实施效果进行监测	85	57.43
E. 学校开发的校本课程门类太多，没法管理	21	14.19
F. 其他_____（请填写）	6	4.05

6. 湖南省

一是重视对校本课程建设的指导。各地市和区县层十分重视对课程开发的指导，如长沙市芙蓉区制定《校本课程开发操作指南》，规范校本课程开发，发挥责任督学的力量，每个责任督学负责五所学校。责任督学通过下校指导，因地制宜，将课程统整，跨学科融合，在课程建设方面做出了积极探索，家长、学生、社会满意度较高。如育英二小建设"全人之雅"融合课程，课程涵盖"雅容、雅情、雅智、雅行"四个维度，成就了育英二小优雅校园的建设；大同古汉城小学围绕"尚美教育"致力于信息化校园建设；马王堆小学基于外来务工人员子女较多的校情，开设了"西街小镇"学生社团选修课程和"芊芊王国"学生德育教育课程。

二是制定科学有效的评价制度。为保障三级课程管理成效，有些区县制定课程评价制度，严查课程标准的落实情况，且将课程的落实情况纳入学校的年终考核。如武陵区颁布《2018年武陵区中小学校、公办幼儿园年度绩效考核办法》，将课程建设作为很重要的考核内容。长沙县梨江中学，通过问卷调查和综合素质测评，对学生综合实践活动课进行评价，并开发具体的评价工具，落实对学生具体能力发展的评价。

三是全方位地建设课程保障措施。为保障三级课程落实到位，从制度建设、课程建设标准、师资队伍建设、课程实施等各环节加强保障措施，区县级层面积极落实对课程实施的指导和支持。如长沙县充分利用远程教育资源，为教师学习教学创造条件；在教研方面，严格按照新课程要求，规范备、讲、评三位一体的教研模式，并要求每一位教师在自己所担任的学科中有针对性地进行课程研究，不断提高教师专业化水平，保障三级课程实施质量。长沙市芙蓉区每学期初开展《课程标准》及学科教材培训，提高教师对课程的理解及把握程度，并鼓励社会工作者、家长志愿者、行业职业人成为课程的授课者，为学生提供丰富多彩的课程。

7. 四川省

一是教育行政部门能够认真履行课程管理职责。从调查问卷的结果可以看到，四川省较好地落实了课程管理职能，其中最被认可的是"制订本省（自治区、直辖市）义务教育阶段的课程计划并报教育部备案"与"制定学校实施地方课程的指导性意见"（见表 5 – 42）。

表 5 – 42　四川省教育行政部门所履行的课程管理职能

选　项	人数（人）	比例（%）
A. 制订本省（自治区、直辖市）义务教育阶段的课程计划并报教育部备案	41	56.94
B. 组织专家或与专家合作开发地方课程（包括课程标准与教材）	36	50
C. 通过申报、立项、审查地方教材的方式规范地方课程开发	29	40.28
D. 制定学校实施地方课程的指导性意见	39	54.17
E. 对各级地方课程和校本课程的开发和实施进行指导和监督	34	47.22
F. 通过下属各级地方教育行政部门，负责监督与评估当地学校制订实施《学校课程计划》的具体方案，并具体指导学校开发校本课程	27	37.5
G. 不太清楚	11	15.28
H. 其他＿＿＿＿＿＿（请填写）	0	0

二是全省加强对三级课程的指导监督。四川省、市、区（县）三级根据课程改革的需要，及时对中小学课程进行指导。许多校长在访谈中谈到，区域特别重视对学校课程建设的指导，能够及时跟进对课程政策的解读和培训，既包括校长培训，也包括中层干部和骨干教师培训。不同区域根据不同类型的学校开展有针对性的课程培训、课例研讨等。在调研中发现，区域对校本课程的指导和监督比较到位（见表5－43）。

表5－43　四川省对校本课程进行指导和监督的措施

选　　项	人数（人）	比例（%）
A. 要求下属各级教育行政部门指导学校开发校本课程	49	68.06
B. 要求基层教育行政部门审议学校校本课程方案，反馈审议意见	43	59.72
C. 要求学校每学年向基层教育行政部门报备校本课程方案	36	50
D. 要求基层教育行政部门对学校校本课程实施效果进行监测	45	62.5
E. 学校开发的校本课程门类太多，没法管理	11	15.28
F. 其他_____（请填写）	1	1.39

三是开齐开足，严格按照国家课程标准实施三级课程。四川省依据国家基础教育新课程改革的有关方案，制订了课程设置方案。2006年在课程设置模块制订了三套方案（分科、综合、分科与综合相结合），供各实验区选择使用，2015年修订为一套方案。对照国家义务教育课程设置实验方案，对国家、地方和校本三级课程的课时比例设置均严格按照国家标准进行划分（见表5－44）。

表5－44　四川省义务教育课程设置及比例

	年级									国家规定九年课时占比（%）	四川省九年课时占比（%）
	一	二	三	四	五	六	七	八	九		
课程门类	品德与生活/思想品德									7~9	7.11
	历史与社会（或选择历史、地理）									3~4	3.63
	科学（或选择生物、物理、化学）									7~9	7.40
	语文									20~22	20.85
	数学									13~15	13.89

年级										国家规定九年课时占比（%）	四川省九年课时占比（%）
	一	二	三	四	五	六	七	八	九		
课程门类	外语									6～8	6.54
	体育/体育与健康									10～11	10.60
	艺术（或选择音乐、美术）									9～11	10.99
	综合实践活动									16～20	18.99

国家课程开齐开足，语数外等基础科目受重视，与体质健康测试相关的体育课普遍受到各级各类学校的重视。从课程开设、师资配备、资源开发与建设方面来看，语文和数学的教师数量配齐配足，这两科教师队伍的整体素质在各门学科中居于前列，课程资源的开发和建设也是最为充分和成熟的。其中，语文的新课程教材也受到教师的欢迎，在调研中有教师谈道，"新的语文教材比以前更好，例如在尊重生命、珍惜生命等方面比以前有更加鲜明的体现。"外语课程亦受到重视，且四川省在外语课程的种类上相对丰富，有英语和日语。中小学生体质下降的现状引起了学校对体育的重视，各校体育课开设情况良好，坚持让学生每天锻炼1小时，每名学生至少掌握2项体育运动基本技能。

四是颇具特色，地方学校课程扎实开展。四川省重视地方课程的开发与实施，2006年出台《四川省义务教育阶段地方课程实施方案（试行）》后，2009年和2015年先后进行两次修订。2009年的修订方案中，设置"生活·生命·安全""家庭·社会·法制"和"可爱的四川"三门地方课程，并使用相应的教材。其中，为配合国家环境教育的开展，"生活·生命·安全"修订为"生命·生态·安全"。地方课程由省教育厅统一安排和部署，并组织编写地方课程指导纲要（包括课程目标、课程设置、地方课程管理要求、实施与评价，以及资源建设和教学研究等）和教材内容，并由省中小学教材审定委员会审查通过后，供学校使用。目前，全省地方课程共安排974课时，占义务教育阶段总课时的11%。调查表明，教师、行政人员和教研员对地方课程开设情况满意度较高，地方课程开设的总体情况良好。

新的基础教育课程改革要求学校在执行国家课程和地方课程的同时，根据当地社会、经济发展的具体情况，结合本校的传统和优势、学生的兴趣和需要，开发或选用适合本校的课程，即校本课程。总体来说，经济、文化相对发达的地区，学校课程实施显示出更加乐观的景象。如成都市的校本课程建设始终处于全省领先水平。当然，在其他市（州），也有不少成功的做法，如江油市华丰初级中学让"豆芽课"成为特色课，叙永县西城幼儿园的传统文化进课堂，荥经幼儿园开拓幼儿体能及思维等模块化训练，德阳市实验小学基于儿童视野的课程变革等具有特色的课程。另外，西充张澜学校、西充天宝初中、建设路小学、三原学校等都有丰富的地方特色课程。

8. 陕西省

一是行政推动，活动助力，逐步夯实课程实施基础。义务教育课程改革伊始，陕西省就在制度建设上下大力气，运用行政手段积极推动三级课程实施和管理工作（见表5-45）。先后出台了《陕西省义务教育阶段学校办学标准》《陕西省义务教育课程设置标准》《陕西省中小学课时标准》《陕西省基础教育优秀教学成果评选校本课程开发类成果评选办法》等文件，各市区县也先后出台了相关标准，自上而下从制度层面保证三级课程实施的有效落实。随着课程改革的深入，面对义务教育课程改革的新形势、新要求，印发了《陕西省教育厅关于贯彻落实义务教育语文等学科课程标准（2011年版）的实施意见》，在全省范围内开展学科课程标准的研读培训活动，使基层学校和一线教师及时把握课程变化和教学要求，并对全省基础教育课程改革工作先进县区和先进工作者进行了评选表彰。还通过举办各种类型的交流展示、成果评选等活动推动课程改革逐步深化，先后举办了"陕西省中小学新课程资源应用与学科整合展示交流会""陕西省基础教育课程改革成果展示暨经验交流会"，在有关中小学校试点实施了"美育星光"特色教育戏剧课程，启动了"新华美育"微课程公益项目。这些举措极大地促进了三级课程的有效实施。

表 5−45　地方课程实施与管理的主要依据（行政人员）

选　项	人数（人）	比例（%）
A. 根据本省（地方）实际情况研制的省（地方）级义务教育课程设置、实施、管理办法或方案	82	82
B. 未制定省（地方）级课程实施与管理办法，直接依据国家颁布的《义务教育课程设置实验方案（2001 年)》和相关政策	15	15
C. 不太清楚	13	13
D. 其他_____（请填写）	1	1

　　二是立足校情，积极探索，不断丰富校本课程内容。据调查可知，各市义务教育阶段学校均能结合地区特点，立足校情学情，不断丰富校本课程内容，校本课程建设各具特色。商洛市商州区第一小学开发了"随文练笔指导"系列丛书和"数学乐园"校本课程；洛南县开发了"弟子规"校本课程，洛南县城关中学开发了"爱我家乡"校本教材；丹凤县思源实验学校开发了"健康教育通用读本""传统文化与语文教学"等校本课程，拓宽了育人渠道，激发了教师的创造力。渭南临渭区北塘实验小学的"乐贤幸福课程"获国家基础教育成果评选二等奖，在教育教学中被推广使用。延安市地方教材突出"用延安精神办学育人"的思想，激发学生热爱家乡传统文化的情感，研发了各类地方和校本教材。如安塞县的"安塞腰鼓"、志丹县的"校园足球"，甘泉县的"微电影制作"，延安市实验中学以"延安精神"为核心的"红色延安""党旗飘飘"的德育课程和以"弘扬陕北文化"为主题的"陕北剪纸""陕北民歌"的艺术课程、以培养学生"创新精神和实践能力"为核心的"创客实验""数图同归"的科创课程、以核心素养为核心的"智慧化学""萌芽生物"等小课程。西安市校本课程开发呈现出多元化、品质化、特色化的特点。新城区提出"一校一品"要求，成果丰富，如新知小学加强课程管理和校本课程建设，通过

"学科拓展、兴趣特产、实践活动"三个板块,建立了语言文化课程群、科学技术课程群、艺术创新课程群、运动健康课程群等10个课程群的课程开发体系;实验小学的德育课程、后宰门小学的经典诵读课程、育英小学的红色文化课程精彩纷呈。临潼区依据本地实际,积极开发校本教材。如实验小学"古诗词诵读""德育课程系列""校园交通安全读本"、铁路小学"国学诵读"、机筑小学"渭河"等校本课程特色鲜明。西安高新区积极构建校本课程,努力使课程体系化。如西安高新第二学校的校本"知行课程",荣获国家基础教育成果评选二等奖,西安高新第五小学构建的"人本课程"体系也初见成效;莲湖区远东一小的"悦课程体系",内容包括四大板块、五大主题、三十一个系列,效果好、影响大;碑林区铁五小学作为学区的学校特色课程基地,在知行乐特色课程建设中摸索出了丰富性、系列化与个性化的发展路径。

三是因地制宜,敢为人先,积极打造课程管理特色。各市区教育行政部门从深化教育管理机制改革入手,积极履行课程管理职能,在三级课程管理方面做了许多有益的尝试(见表5–46),并形成了行之有效的好做法。如西安市积极推进"名校+"工程,实施"学校联盟"战略,极大促进了教师的专业发展,提高了学校的课程实施水平。其他地区大胆创新教师培训模式,建立区域培训课程开发体系,试行多元化培训管理,采取任务驱动、学区联片、名师送教、课题引领等多种模式,组织各类培训,开放共享学科教研,推动课堂教学模式的突破,积极探索基于"核心素养"的课堂教学范式,开展多种形式的课程教学论坛活动、学校教研活动,有效提高教学质量。部分地区将工作重点聚焦到提升薄弱学校课程管理水平上,通过深入研究,寻找适合薄弱学校实际的课程实施策略和管理方法,逐步缩小强校与弱校之间的差距,不断提升薄弱学校的教研积极性和课程实施质量。这些做法为三级课程的有效实施注入了后劲,提升了学校教育质量,促进了区域内教育均衡。

表 5-46 陕西省教育行政部门所履行的课程管理职能

选　项	人数（人）	比例（%）
A. 制订本省（自治区、直辖市）义务教育阶段的课程计划并报教育部备案	38	38
B. 组织专家或与专家合作开发地方课程（包括课程标准与教材）	35	35
C. 通过申报、立项、审查地方教材的方式规范地方课程开发	42	42
D. 制定学校实施地方课程的指导性意见	46	46
E. 对各级地方课程和校本课程的开发和实施进行指导和监督	45	45
F. 通过下属各级地方教育行政部门，负责监督与评估当地学校制订实施《学校课程计划》的具体方案，并具体指导学校开发校本课程	37	37
G. 不太清楚	20	20
H. 其他_____（请填写）	0	0

9. 广西壮族自治区

一是三级课程管理主体基本明确。自 2001 年新课程改革以来，广西壮族自治区教育厅根据国家相关政策文件要求，积极推进三级课程管理，确立了教育行政部门、教科研部门和督导部门为核心管理体系，共同履行地方的课程管理职能。自治区教育行政部门负责制定省级课程方案，组织地方课程开发等，市、县负责落实省、市、县教科研部门开展相关研究和指导工作，督导部门对履职情况监督检查。

学校课程管理职能主要由学校行政部门或其授权的教学（科研）部门承担，教育行政部门基础教育工作的业务科室直接负责学校课程设置和执行情况的管理，教科研部门负责学校课程实施指导工作，督导部门对学校课程管理相关工作监督评价。部分学校设立了专门课程管理机构，学校课程管理工作主要由校领导承担。

二是三级课程相关管理制度逐渐完善。2001 年至今，广西壮族自治区教育厅颁布了系列文件推动三级课程的管理，如广西壮族自治区教育厅《关于转发教育部〈关于印发义务教育课程设置方案的通知〉的通知》

（桂教基教〔2002〕35 号），对义务教育三级课程实施进行了统筹规划，切实保障国家课程基础性地位，并根据自治区的教育发展情况和学生发展实际需求做适当的调整。

目前，各级教育行政部门和义务教育学校依据国家课程设置、实施、管理办法或方案等政策文件开展课程管理工作，严格按照国家课程方案和标准实施。自治区 2017 年启动了开齐开足国家课程的两年计划，通过督导检查、制定政策文件等方式鼓励各地开齐开足国家课程。

在做好国家课程落实相关工作的同时，广西壮族自治区教育厅还关注了地方课程的建设，制定课程建设的相关文件，组织开发地方课程，并对地方课程实施进行指导。地方课程必须经过报备、立项、研发等程序方可开设。目前省级地方课程规划了 10 节课程，包括安全教育、心理健康、文明广西、国防教育、书法、传统文化、生命教育等 17 个选题。

除了做好国家课程落实、地方课程开发的相关制度建设，广西教育厅还通过加强教材管理制度建设促进课程管理，设置专门教材管理机构广西课程教材发展中心，成立广西中小学教材审查委员会，印发《广西壮族自治区中小学地方课程教材编写审查管理办法》的通知，规范地方课程教材编写。

10. 新疆维吾尔自治区

一是设置专门机构配备专业力量，有力落实三级课程。首先，规范制度保障国家课程实施。《自治区义务教育课程设置方案》等相关文件规范了义务教育新课程设置，明确了课程管理目标，确立了课程管理措施以及相应的检查与评估办法，有效要求并监督各地严格执行国家规定的课程设置标准与学科课时标准，以保障国家课程的开足开齐。校长问卷的调查结果显示，98.91% 的学校"开齐了规定的国家课程门类"，98.99% 的学校"国家课程按规定开足了课时"。85.27% 的学校"有落实国家、地方和学校课程的整体实施方案"。其次，设置专门机构，配备专业力量。自治区、部分地州和县专门设置"课改办"，不设编制，主要抽调科研人员、教研人员和学校人员，形成专业队伍，发挥指导、监督和管理的职能，提高了政策制定、政策指导和政策落实监控等的科学性，为推进课改、三级课程的管理和有效实施发挥了重要作用（见图5-6）。

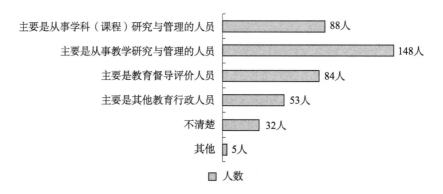

图5-6 课程管理人员构成

在此基础上，基教、教材、督导等部门协作攻关，推进课程管理体系走向制度化和规范化。各地课程管理工作主要由教育局、教研中心（室）和教育督导室承担，其中教育局主要承担组织管理，教研中心（室）主要进行业务指导以及参与协助组织管理和督导工作。督导室深入学校检查学校的课程表、教师课程表、教室课程表和走访学生，了解学校是否开齐开足国家课程、课时，同时指导学校实施地方课程、学校课程督促落实到位。教研室主要通过听课、教学常规检查等方式对地方、学校课程落实情况进行指导。校长的调查问卷结果反映，自治区教育行政部门在统筹规划、制定政策文件、督导检查、质量监控、培训等方面进行指导，为国家课程的有效落实提供了有力的保障（见表5-47）。

表5-47 教育行政部门落实国家课程的措施

选　项	人数（人）	比例（%）
A. 统筹规划	172	71.97
B. 制定政策文件	180	75.31
C. 督导检查	193	80.75
D. 质量监控	172	71.97

选　项	人数（人）	比例（%）
E. 培训指导	196	82.01
F. 其他_____	4	1.67

在落实《新疆维吾尔自治区中小学校督导评估办法（试行）》的基础上，针对教材选用和课程设置与实施，形成了一系列督导办法。如乌鲁木齐市高新区制定《高新区（新市区）关于对学校实施国家课程、地方课程、教师配足指导检查办法》，以开足开齐国家和地方课程、贯彻落实学校新课程标准为重要内容，在专项督导评估、下校视导、质量过程监控、学校综合目标考核、各类先进评选等方面作为一项重要指标对学校进行考核。

二是挫折中吸取教训，教材管理严格有序，保障课程方向，提升实施质量。首先，教材建设与管理列为重中之重。2016 年自治区《关于全面深化教育领域综合改革的实施意见》提出"完善中小学课程体系……制定《自治区中小学教科书管理规定》，规范地方教材编写、审定和选用管理"。2018 年的全区教育工作会议提出"要加强教材建设和规范管理，切实把教材编好选好管好用好"，继续将教材建设与管理列为重点工作。其次，成立专门教材管理机构，规范教材建设与管理。自治区于 2018 年成立教材处，主要职能是统筹管理各级各类教材建设，义务教育阶段制定教材书目、教辅目录，自治区的教材审查等系列工作以及检查学校教材的使用情况。通过对教材的规范管理，强化对地方课程与校本课程的管理。如治理了"自治区一些部门和一些地县自行开发教材和读本，未经自治区教材审定委员会审定发放或推荐学校使用"等问题。目前，所有地方课程教材均经自治区教材审定委员会审定通过后出版使用。教材的审查，在评审人员、评审内容、评审流程等方面都达到规范要求，每一套教材编写完毕后要经过教工委以及上级有关部门的严格检查。

总之，在各级教育行政部门和学校对三级课程管理模式高度认可的基础上，通过先进的理念引领、完善的机构设置、必要的政策和机制的建立，扎实推进国家课程校本化、地方课程规范化和校本课程特色化实施与建设工程，在三级课程管理实践道路上探索出了有益的经验。

三、我国义务教育三级课程管理实施存在的主要问题

前文已对三级课程管理的成绩与经验进行了描述，在取得成绩的同时，也必须看清存在的问题，定位不准确、建设质量参差不齐、管理不到位仍然存在，这些问题体现在某个方面或局部。从更深的层次来说，三级课程管理有效实施，还必须要解决以下问题。

（一）三级课程管理体制职责与权限笼统模糊

经多年的发展，我国课程管理体制初步形成了体系，但政策文件中对三级课程管理的规定仍存在"笼统""不够具体"的问题。在访谈调查中，大多数教育行政管理人员提到，当前三级课程管理虽有政策规定，但缺乏详细清单。《基础教育课程改革纲要（试行）》对三级课程管理主体应有的职责和权力方面的规定比较笼统模糊。对地方各级教育行政部门的管理者的访谈调查也表明尽管国家课程政策对地方一级的管理职能有所规定，但由于缺乏具体的职能清单，他们对自身的职能边界究竟在哪里，究竟哪些能为，哪些不能为，也不是很明确，因而在实施课程管理的过程中也只能试探性推进。例如，如何对国家课程进行地方化、校本化实施指导和监督，国家、地方和学校三级课程是分类实施还是可以创造性地整合实施，地方课程究竟应该由哪一级地方行政部门建设开发，学校进行课程整合和校本课程开发的限度究竟在哪里等问题，由于缺乏更加细致的管理职能界定，故地方和学校常常担忧自身的课程管理行动是否会违反上级政策、法律法规、督导检查等方面的精神和要求，因而常常陷入进退两难的纠结状态。

因此，细化三级课程管理体制，一是对国家课程的权威性落实需要进一步指导，二是清晰地方课程和校本课程的核心价值与定位，三是明确地方课程管理和学校课程管理的内涵、原则和内容。

（二）三级课程管理权力分配问题亟待解决

《义务教育课程方案和课程标准（2022 年版）》对三级课程的比例做了规定，即地方课程、校本课程、综合实践活动和劳动课程应占总课时比例的 14% ~ 18%，在与各省教育行政管理人员、学校管理人员和教师的访谈中，"课时"成为此次调研中出现的一个焦点词汇（见表 5 - 48）。46.22% 的教育行政人员认为当前课时较为合理，但有 26.85% 的教育行政人员认为需要增加校本课程占比。从表 5 - 49 的问卷结果来看，有 61.88% 的学校管理人员认为较为合理，有 17.38% 的认为需要增加校本课程占比。而方差分析证明课时的问题更为复杂，比如城区学校更多地认为当前三级课程课时比例较为合理，不需调整；郊区学校更多选择要增加地方和校本课程占比；农村学校因为国家课程实施的困难，更多选择要增加国家课程占比，减少地方和校本课程占比。

访谈中，"课时不够"成为一个普遍问题。对学校来说，主要在于校本课程的课时不够，这其中争论的焦点不是国家课程课时太多，而是在很多时候校本课程只能与地方课程抢课时。"课时"问题一方面说明校本课程的数量需要"消肿"，从课程数量转向课程质量的提升，但另一方面也说明课程管理中的权力分配问题。正如一位教育行政人员所言"如果没有'时空'，自主权是没有办法落实的"。有位校长也提到"上级管理部门太多，'婆婆太多'，希望能多一些自由权限"。调查问卷显示，79.84% 的学校管理人员希望在三级课程管理中适当扩大学校课程管理权。因此，"课时"看起来只是时间问题，但实质上是课程管理的权力问题。

表5-48　教育行政人员对于三级课程课时比例合理性的意见

选　项	人数（人）	比例（%）
A. 较为合理，不需调整	630	46.22
B. 需要增加国家课程占比	252	18.49
C. 需要增加地方课程占比	294	21.57
D. 需要增加校本课程占比	366	26.85
E. 需要减少国家课程占比	123	9.02
F. 需要减少地方课程占比	152	11.15
G. 需要减少校本课程占比	113	8.29

表5-49　学校管理人员对三级课程课时比例合理性的意见

选　项	人数（人）	比例（%）
A. 较为合理，不需调整	6975	61.88
B. 需要增加国家课程占比	1944	17.25
C. 需要增加地方课程占比	1735	15.39
D. 需要增加校本课程占比	1959	17.38
E. 需要减少国家课程占比	683	6.06
F. 需要减少地方课程占比	1269	11.26
G. 需要减少校本课程占比	830	7.36

（三）师资队伍存在结构性短缺

教师作为课程的主体之一，是课程改革的中坚力量，没有充足的、高素质的教师队伍，就无法使课程改革稳步发展。在深入一线学校的调查中发现，师资队伍依然薄弱，难以满足新课程推行的要求。

一是农村地区教师不足，部分学校教师缺编严重，尤其是综合类课程的师资情况。在城市，随着近年来城市化进程的推进，农村人口向省会、市县级城市的大量聚集，加上二孩生育政策的实行，适龄入学儿童急剧增加，使得原有的学校规模、师生配比不足，而相关的人事部门又对这种教育状况缺乏预见性，导致很多学校因教师缺编而不得不招代课老师。在农村，由于工资待遇低，工作环境差，教学负担重，教师流失严重。如长沙市所管辖的农村某村镇学校，进了 10 名正式教师，3 年走了 9 个，所以学校在课程管理中面临师资短缺的问题。问卷调查显示，"没有足够的专职教师开设相关课程"和"教师在时间或精力上很难保证"成为三级课程管理政策实施与推进中排名最前的两大主要问题。

二是跨专业、跨学科的任课教师数量较多，存在结构性缺编情况。从数量上看，教师结构性缺编仍然存在。综合实践活动课程、劳动、音乐、体育、美术、英语等学科严重缺乏专业教师，在农村地区更是普遍，从而导致很多地区的教师出现普遍存在着教师转岗、跨学科任教的现象，严重影响了教学效果。

三是教师能力不足，不能胜任校本课程的开发与实施，专业化水平有待进一步提高。从质量上看，不少学校提出教师的"能力不够"——地方课程中专题教育诸如禁毒等缺乏授课教师，教师的校本课程开发能力欠缺，导致校本课程的质量面临挑战。还有学校提出，校本课程虽然是从校外引进资源，但对资源单位资质审查、质量把关同样需要投入大量的师资，学校在此耗费了大量人力物力，难以为继。国家赋予了学校一定的课程管理自主权，但当学校教师专业性尚未达到预期水平时，学校课程管理能力令人质疑。

（四）地方课程和校本课程评价实施不到位

在基础教育课程体系中，科学的评价能够起到正确导向和质量监控作用。新课程改革明确提出，要根据课程评价的先进思想和最新的发展趋势建立新的课程评价体系，即发展性评价体系，其核心目标就是"尊重学生差异，以学生为本，一切为了学生的发展，为了每一个学生的发展"。而在实际的评价活动中，由于地方课程和校本课程的开发和实施处于探索阶段，一方面，学校受到应试教育思想的影响，对地方课程和校本课程重视程度不够；另一方面，地方课程和校本课程评价活动非常有限，加上地方和学校作为一级的课程管理主体不清楚各自的课程评价职责，造成我国地方和学校课程评价活动探索不到位。三级课程管理体制旨在通过对地方和学校课程主体的赋权来实现全面育人的价值目标。调查发现,"副科"被"主科"(或考试科目)挤占的问题困扰着三级课程管理的实施与推进。而在"国家课程开设不齐或不足的主要原因"的问卷调查中,排序第一的即是"应试"导向和压力(见表5-50)。在访谈中,多数教育行政人员和学校管理人员认为"应试教育""标准化评估"对三级课程管理的制约问题值得深思。

表5-50 国家课程开设不齐或不足的主要原因

选　项	人数（人）	比例（%）
A. 学校课程领导力缺乏，政策理解和执行不到位	568	41.67
B. 缺乏专业培训、辅导和支持	854	62.66
C. 缺乏与课程配套的教学及学习资源	786	57.67
D. 缺乏相应的监督、指导、管理和评估	692	50.77
E. "应试"导向和压力	884	64.86
F. 财力、人力等资源不够	878	64.42
G. 其他＿＿＿＿＿＿（请填写）	32	2.35

此外,地方和校本课程存在评价不够严密、评价方式单一、考察方式多以总结或报告的形式为主的问题。调查中发现,因为大部分中小学教师课程开发能力不足,没有经过专门的课程评价培训,缺乏对评价专业知识的掌握,从而在校本课程评价中采用最为熟悉的书面测验评价形式,难以实现地方和校本课程促进学生全面发展的初衷,三级课程管理体系始终难以达到预期的效果。因此,为适应地方和学校的实际情况和特殊需求,为推动学生的全面发展,课程评价方式亟待由终结性、甄别性评价向过程性、发展性评价转变,课程评价形式亟待由唯分数评价向多元评价转变。

(五) 三级课程管理推进过程中存在不均衡

我国幅员辽阔,自然和经济发展差异显著,因此,在如此客观现实的限制下,要在全国范围内推行新课程改革,势必会存在差异性和不平衡性，除了客观原因，还有人为原因。如课程政策执行不到位、推进策略不合理、保障机制不健全、地方和学校不重视等。从政策层面上看，当前对学校的课程管理有着统一的要求。但是，在调研中发现，不同学校因学校类型、学段和区域不同，课程管理与实施的能力、资源不同，其效果也不相同，都需要在针对问题进行精准分析的基础上提出相应的举措，并开展分层要求、分类指导和分步实施。

1. 城乡差异

城区学校、郊区学校和农村学校在三级课程管理中遇到问题的差异性非常显著。表 5－51 所示，不同地域学校在地方课程实施效果待提升、国家课程校本化实施难度大、各级课程管理职能具体内涵需进一步明确、缺乏上级教育主管部门的支持等问题上有着显著的差异性，从中反映出郊区学校面临着地方课程实施效果待提升和国家课程校本化实施难度大的问题，农村学校面临着校本课程的开发和实施需规范的问题，城区学校面临缺乏专家的引领指导问题等。在调研和访谈中发现，有的城区优质学校具备完备的课程管理机构和相应制度，校本课程的开设、评审和评估有着规范而严谨的程序；但很多农村学校，因为受限于师资和硬件资源，在国家课程校本化实施上存在很大困难，其课程自主权很难实现。正如一位农村学校校长在访谈中所言，"我们也想开很多校本课程，也想对校本课程进行审议，但是没有几个老师敢接这个活，大家都觉得自己能力不够"。这充分说明，学校间乃至区域间都存有差异，三级课程管理制度的统一要求并不适用于所有的学校。

表 5－51　不同地域学校在三级课程管理中遇到问题的方差分析

	学校类型（平均值±标准差）			F	P
	城市 （$N=6465$）	郊区 （$N=3246$）	农村 （$N=1561$）		
缺乏专家的引领指导	0.79 ± 1.97	0.71 ± 2.02	0.69 ± 2.01	2.795	0.061
地方课程实施效果待提升	0.16 ± 1.88	0.24 ± 1.87	0.13 ± 1.87	3.002	0.050^{*}

	学校类型（平均值±标准差）			F	P
	城市 （$N=6465$）	郊区 （$N=3246$）	农村 （$N=1561$）		
校本课程的开发和实施需规范	0.40 ± 2.05	0.36 ± 2.07	0.44 ± 2.05	0.869	0.42
国家课程校本化实施难度大	-0.85 ± 1.63	-0.75 ± 1.64	-0.82 ± 1.63	3.409	0.033*
各级课程管理职能具体内涵需进一步明确	-1.05 ± 1.84	-1.05 ± 1.86	-0.89 ± 1.96	4.898	0.007**
学校课程管理自主权不够	-1.33 ± 1.62	-1.32 ± 1.63	-1.36 ± 1.57	0.414	0.661
缺乏上级教育主管部门的支持	-1.43 ± 1.50	-1.27 ± 1.67	-1.41 ± 1.53	11.757	0.000**

注：* $P<0.05$，** $P<0.01$。

2. 学段差异

小学、初中、九年一贯制学校在三级课程管理方面表现出一定的差异性。调研数据经统计后显示（见表5－52），小学比初中更为认可三级课程管理职能；在落实三级课程管理制度的整体实施方案上，小学也显著好于初中和九年一贯制学校；小学比初中更能开齐规定国家课程门类；在开足课时的比较上，小学明显好于初中和九年一贯制学校；在地方课程开设效果上，小学显著好于初中和九年一贯制学校；在校本课程开设门类数的比较上，小学也比初中更多些。此外，上级部门对小学的课程建设指导频率也显著高于初中；在对是否扩大学校课程管理权的认识程度上，小学也显著高于初中和九年一贯制学校。正如访谈中多数学校管理人员表达的一样，小学相比初中，很少受到应试和升学压力的影响，加之多年的新课程改革理念的洗礼和新课程改革培训的多轮推进，在小学探索多元化的评价方式也更为可行。因此，可以理解小学要比初中和九年一贯制学校在三级课程管理效果上要更好一些。但是，三级课程管理体系作为我国的根本课程制度，应该覆盖义务教育的各个学段，由此，如何提高初中和九年一贯制学校在实施三级课程管理中的效果值得持续关注。

表 5-52　不同学段学校在三级课程管理方面的多重事后比较（LSD）

变量	学校（1）	学校（2）	平均差异	标准误	显著性
三级课程管理职能认知情况	小学	初中	0.066*	0.018	0.000
		九年一贯制	-0.014	0.023	0.528
落实三级课程整体实施方案	小学	初中	0.036*	0.007	0.000
		九年一贯制	0.027*	0.010	0.005
开齐规定国家课程门类	小学	初中	0.011*	0.002	0.000
		九年一贯制	0.003	0.003	0.268
开足规定国家课程课时	小学	初中	0.020*	0.003	0.000
		九年一贯制	0.008*	0.003	0.016
开设的地方课程实践效果	小学	初中	0.101*	0.017	0.000
		九年一贯制	0.127*	0.022	0.000
开设的校本课程门类	小学	初中	0.070*	0.021	0.001
		九年一贯制	0.052	0.027	0.055
上级对学校课程指导频率	小学	初中	0.067*	0.018	0.000
		九年一贯制	-0.008	0.024	0.734
是否扩大学校课程管理权	小学	初中	0.032*	0.016	0.044
		九年一贯制	0.054*	0.021	0.010

注：$*P<0.05$，$**P<0.01$。

3. 区域差异

东中西部地区学校在三级课程管理方面表现出一定的差异性（见表 5-53）。由此发现，东部地区比中西部地区更为认可三级课程管理职能，中部地区在三级课程职能认识上要好于西部地区；在落实三级课程管理制度的整体实施方案上，东部地区也显著好于中西部地区，中部地区显著好于西部地区。东部地区比中西部地区更能开齐国家课程；在开足课时的比较上，东部地区显著好于中部和西部地区学校。在地方课程开设门类上，东部地区明显多于中西部地区；在地方课程开设效果上，东部地区显著好于中西部地区。在校本课程开设的比较上，东部地区也比中西部地区要更多些。在是否扩大学校课程管理权上,东部地区学校也显著高于中西部学校。然而,在上级部门对课程建设的指导频率上,中西部地区的学校要显著高于东部地区学校。访谈和实地调研表明,因为经济文化等方面比较发达的北京、广东、浙江、山东等东部区域在新课程改革的深入推进背景下,更为关注和重视三级课程管理对地方和学校的赋权,更为认可和践行三级课程管理模式,也创造出了许多宝贵的经验。而中西部地区受到经济、文化、观念相对薄弱等因素的影响,虽然接受的上级教育行政部门的指导和监督比较多,但在课程实施过程中往往停留在国家课程的执行上,在地方课程和校本课程管理方面遇到经济、资源和时间上的多种问题,最终导致三级课程管理的落实举步维艰。

表 5 - 53 不同区域学校在三级课程管理方面的多重事后比较 (LSD)

变量	区域 1	区域 2	平均差异	标准误	显著性
三级课程管理职能认知情况	东部	中部	0.429 *	0.021	0.000
		西部	0.600 *	0.018	0.000
	中部	西部	0.171 *	0.018	0.000
落实三级课程整体实施方案	东部	中部	0.106 *	0.009	0.000
		西部	0.129 *	0.008	0.000
	中部	西部	0.023 *	0.008	0.004
开齐规定国家课程门类	东部	中部	0.011 *	0.003	0.000
		西部	0.008 *	0.002	0.001
开足规定国家课程课时	东部	中部	0.011 *	0.003	0.001
		西部	0.008 *	0.003	0.006
开设地方课程门类	东部	中部	0.813 *	0.040	0.000
		西部	0.774 *	0.034	0.000
开设的地方课程实践效果	东部	中部	0.240 *	0.021	0.000
		西部	0.267 *	0.018	0.000
开设的校本课程门类	东部	中部	0.703 *	0.025	0.000
		西部	0.674 *	0.021	0.000
上级对学校课程指导频率	东部	中部	- 0.085 *	0.023	0.000
		西部	- 0.123 *	0.020	0.000

变量	区域1	区域2	平均差异	标准误	显著性
是否扩大学校课程管理权	东部	中部	0.059*	0.020	0.004
		西部	0.082*	0.017	0.000

注：*$P<0.05$，**$P<0.01$。

（六）地方与学校层面课程资源不足

课程资源是新课程改革的"助推剂"，是新课程改革有效实施的有力支撑。因此，开发和利用课程资源是三级课程管理的重要环节，地方和学校层面应高度重视。在此次对各省市的调研中，问题较多地集中在地方课程的开发与实施上，问题主要体现为"课程资源欠缺""缺少专业指导""专项经费不足"等方面。

一是校内资源不足，校外资源利用不够。三级课程有效实施必须依托丰富的物质资源与条件，这包括课程实施需要的场地设施、网络设备、实验器材、图书资料等。调查发现，农村地区中小学普遍缺乏必备的物质资源与条件，结合具体学科来说，部分农村学校的信息技术教育课程计算机的更新及其设备维修跟不上，尤其是村小，甚至没有计算机；较多地方的学校科学课程缺乏配套的实验设备、器材、实践基地等；综合实践活动缺乏活动场地和实践场所。此外，新增加的地方、校本课程普遍缺乏课程资源支持，这些问题制约了地方、校本课程的有效实施。

二是课程的开发与利用缺少专业指导。实施三级课程管理制度之后，对地方和学校的课程管理能力提出了十分严峻的挑战。这些挑战集中体现为地方各级教育行政部门和学校领导需要具有专业的课程领导能力、执行能力、指导能力、监督能力和评价能力，同时中小学教师也需要掌握专业的课程开发力、课程实施力和课程评价力等专业素养。在对浙江省的调查访谈中发现，尽管浙江省是一个教育先进发达省份，但省内各地之间在课程管理能力上仍然还存在着很大差异，除了部分地区和学校由于地理、经济和自身主动性等原因能够获得持续稳定的专业指导之外，多数地区和学校的课程领导和管理能力还比较欠缺，无法有效满足落实三级课程管理制度的现实需要。调研问卷也表明，"缺乏专家的引领指导"以及有效实施国家、地方和校本三类课程的专业能力是三级课程管理中面临的主要问题（见表5-54）。

表 5-54 学校在三级课程管理中遇到的主要问题排序

选 项	平均综合得分
D. 缺乏专家的引领指导	4.42
B. 地方课程实施效果待提升	3.71
C. 校本课程的开发和实施需规范	3.42
A. 国家课程校本化实施难度大	2.78
F. 各级课程管理职能具体内涵需进一步明确	1.35
G. 学校课程管理自主权不够	0.78
E. 缺乏上级教育主管部门的支持	0.54

三是保障地方课程和校本课程实施的专项经费存在差异。由于省内各地经济发展水平差异以及在课程管理中的经费投入差异，各地地方和校本课程的开发、开设和实施效果存在一定的差距。

第六章　我国义务教育三级课程
管理实施的改革路径

前文对我国义务教育三级课程管理实施现状及其存在的问题进行了分析。通过调查研究发现，课程管理是一个庞大的系统工程，涉及课程改革全局的重大问题，受到诸多因素的影响。为了让教育改革沿着正确的道路走向深度与广度，提高义务教育课程实施水平，本章针对前文指出的问题，从不同角度对课程管理制定者、课程管理政策执行者和课程管理监督者提出六方面建议，为我国义务教育三级课程管理实施的探索和有效实施提供帮助，以期在课程管理实践中得到更好的落实。

一、完善三级课程管理体制，确保课程高质量实施

课程管理体制是课程管理的核心问题，也是推进课程改革与发展的主要力量。调查研究发现，课程管理存在权责不明、内涵不清等问题，这些问题制约着三级课程的有效实施。因此，建立科学合理的课程管理体制是当前三级课程管理工作的重中之重，也是当务之急。

（一）完善课程管理体制

体制建设及实施问题是课程管理的核心问题，是课程改革的重点任务。作为各级管理主体，要建立科学合理的课程管理体制，明确国家、地方、学校各方职责、权限，促使课程管理系统稳定运行。但在课程管理实

践中，我国三级课程管理体制依然存在不规范、不健全等问题。要构建科学合理的课程管理体系，应从以下几个方面着手。

1. 规范课程管理行为

课程管理机构及其权力分配是课程管理制度的载体，课程管理机构须遵循的管理规范则是课程管理制度的核心。"没有管理规范的约束，课程管理机构的行为就不可能是规范而有效的。"❶《基础教育课程改革纲要（试行）》中，虽然对国家、地方、学校三者的管理权限有明文规定，但内容主要是涉及各自的课程权限范围，缺少具体的内容要求和规范，所以亟待制定相关规范，厘清地方教育行政部门课程管理权限与学校课程权限的边界，在三级课程管理制度中，地方课程政策处于承上启下的位置，上承国家课程政策，下接学校课程事务，让管理者明确应该做什么，应该如何去做。首先，省级教育行政部门要结合国家课程方案和课程标准，不断加强义务教育课程实施过程中的规范与指导。重点制定或修改完善各省的义务教育课程实施办法，包括厘清国家、地方、学校三类课程之间的关系，确保育人目标一致、教学内容协调配合。确定国家课程、地方课程、校本课程各科目在不同学段的门类数量和课时比例，做到体现学段差异性。并提出学校课程开发与利用的基本要求，确定课程建设方向、研发课程纲要等，切实加强地方教育行政部门的指导工作。其次，学校要依据国家课程方案、课程标准和省级义务教育课程实施办法，结合学校的办学实际，制订本校的课程实施方案。学校要紧紧围绕有效实施国家课程、规范开展地方课程、合理开发和利用校本课程开展工作。学校要依据育人目标做到整体设计，明确不同学段和年级的开设科目、课时分配、教学组织形式等，针对不同科目和教学内容，学校要做到整合实施、统筹安排，组织各方力量协同育人。

---

❶ 郭晓明. 分级课程管理体制改革的几个迫切问题［J］. 教育理论与实践，2001（1）：15–18.

2. 建立日常工作运行机制

实施三级课程管理，是地方各级教育行政部门的核心职能。因此，也应该成为地方各级教育行政部门和学校的常规管理工作。从目前发展情况来看，对地方和学校课程管理主体来说，落实三级课程管理还只是临时性、分散性的工作，没有被地方教育行政部门和学校提高到日常和核心工作的高度来认识，三级课程管理的日常工作运行机制还远没有建立。健全完善三级课程管理机制应构建五大机制，一是建立地方各级教育行政部门、研究机构和督导部门的定期联席沟通决策机制。对管理范围内的三级课程进行统筹规划，对推进过程中出现的问题进行定期沟通，研究解决思路和方案等。二是建立分工合作的协同执行机制。地方行政部门牵头，明确各个职能部门在三级课程管理中的具体任务，建立协同合作的执行工作机制，解决三级课程管理权力分配困惑。三是建立专题研究和定期指导机制。针对三级课程管理中的重难点问题，建立专题研究工作小组，同时以研究为基础，对相关学校和人员定期进行培训指导，以点带面，树立片区典型，不断扩大研究指导的辐射效应。四是建立督导反馈机制。通过三级课程管理的发展性督导评估框架体系，不断拓展自下而上的沟通反馈渠道，使各基层教育行政部门和学校在三级课程管理中的问题能够及时反映和解决。五是建立总结交流学习机制。地方各级教育行政部门应主动搭建平台，促进区域内外的各种相互交流学习，使三级课程管理中的典型有效经验能够快速扩散。

（二）明确三级课程管理权限

作为各级管理主体，要建立科学合理的课程管理体制，明确国家、地方、学校各方权限，三方联动、协同推进，促使课程管理系统稳定运行。"课程管理机构及其权责分配是课程管理制度的载体，课程管理机构须遵循的管理规范则是课程管理制度的核心。"❶《新方案和新课标》明确提出，"义务教育课程包括国家课程、地方课程和校本课程三类。以国家课程为主体，奠定共同基础；以地方课程和校本课程为拓展补充，兼顾差异。"❷三类课程是推进协同育人、实现总体育人目标、落实立德树人的重要载体。其中，"国家教育职能部门以整体规划国家课程为主，地方教育职能部门以推进国家课程落实和规划地方课程为主，学校则是在校本化实施国家课程和地方课程的同时，开设校本课程。"❸当前，加强统筹协调，明确三级课程管理相互促进和补充的课程管理机制，确保有效实施国家课程，规范开设地方课程，合理开发校本课程，从而形成三级课程管理共同建设及新课程体系的基本制度。

（三）厘清课程管理政策内涵

从对全国各省市的调研情况来看，完善三级课程管理的当务之急是由国家教育权威部门通过各种形式厘清"三级课程管理"的政策内涵，防止地方各级教育行政部门和学校在落实三级课程管理制度中出现形式主义和重心偏移。一是厘清国家课程、地方课程和校本课程三级课程的价值定位、内涵边界、相互关系以及管理这三级课程的指导原则和基本方式；二是厘清"三级课程管理""三级课程教材管理""三级课程建设或开发"这几个概念之间的内在关系和实践边界，尤其是要明确"课程管理"和"课程建设"之间的关系和边界；三是进一步逐级细化三级课程管理主体履行课程管理职能的内容和范围，尤其是对地市级和县区级教育行政部门的课程管理主体地位和职能范围要给予补充确定；四是开列地方各级教育行政部门和学校应该具有的课程管理权力清单，促进三级课程管理制度中

---

❶ 郭晓明. 分级课程管理体制改革的几个迫切问题 [J]. 教育理论与实践, 2001 (1)：15 – 18.

❷ 中华人民共和国教育部. 义务教育课程方案（2022 年版）[M]. 北京：北京师范大学出版社, 2022：6.

❸ 吴刚平, 安桂清, 周文叶. 新方案 新课标 新征程：《义务教育课程方案和课程标准（2022 年版）》研读 [M]. 上海：华东师范大学出版社, 2022：395.

的权责对等，针对学校差异，增强三级课程管理制度的弹性，使地方和学校能够创新性、高质量落实国家课程方案和标准的行动空间。

（四）加快课程立法进程

我国课程改革方案一般是以"方案""纲要""意见"的形式颁布的，尚未上升至法律层面。因不同于法律具有的强制约束力，"纲要"或"意见"中若干措施在实施的过程中常常难以得到有效落实。有些地方政府或学校在实施义务教育课程改革时要么权责不明，出现违背改革初衷的现象，要么由于本身执行力较差，弱化了义务教育课程改革方案的地位。事实表明，没有课程立法，三级课程管理就难以得到有效保障。借鉴国外的经验，也应实施课程立法。如，法国的多项课程改革都是通过立法来确立的，通过课程立法明确课程领域的权利和义务关系。法国的课程改革法案已经形成了一个较为严密完整的教育法规体系。我国应尽快通过课程立法，明晰课程权责，为三级课程管理有序发展提供坚实的法律基础。

二、加强教师队伍建设，构建合理的师资培训模式

（一）完善专职教师队伍建设

新形势下要求中小学教师成为课程的建设者、研发者和实施者，在课程建设中扮演主体的角色。但在实际情况中，农村地区教师数量不足，部分学科教师缺编严重，专任教师不足，普遍存在着教师转岗、跨学科任教的现象。这些问题的出现，导致学校三级课程实施存在局限，如何解决这一问题已迫在眉睫。首先，应增加专职教师编制，减少跨专业、跨学科教学，师范院校要针对国家课程所缺乏的学科而制定或增加相关专业。如加强对综合实践课程实施者的培养；其次，建立健全聘任社会专业人士任教办法，满足多样化教学需要。通过专门的教师招聘、外聘等，利用补贴、

奖励等形式吸引更多毕业生和社会在职人员负责紧缺学科的教学工作。通过专门设岗完善专职教师队伍，保障学校中的教师各司其职，能够将充足的时间和精力投入所教学科中去。

（二）制定城乡教师交流制度

调研发现，农村地区存在教师数量不足、质量不高等问题，这不仅影响课程实施的整体质量，而且也会影响城乡一体化的建设和发展。因此，鼓励和提倡城乡教师交流及制定相应交流制度应是下一步的工作重点。

教师的合理流动能够最大限度地激活乡村教师队伍的活力，是有效调整城乡学校教师结构的有效方法。长期以来，农村学校教师流动是单向的，表现为农村学校的优秀教师向城市学校转移，致使农村学校存在"下不去、留不住、教不好"等痼疾，这一形势如得不到扭转和有效解决，乡村教育的振兴就无从谈起。各级教育行政部门应积极地创造条件，制定相应的教师交流制度促进教师的双向流动。应逐步推行"轮岗交流""县管校聘"等制度，努力实现教师的身份由单位负责转向系统负责，教师不再只归属于一所学校，而变为由县级教育行政部门统一管理和调配。除此之外，教育行政部门应综合考虑学生人数、学校教师队伍情况，针对每所学校存在的具体问题，提出针对性的解决方案。同时，要提供切实可行的制度保障，能够让乡村教师也享有同样的权利，"轮岗交流"到城市学校任教，从而提高教师工作的积极性，城乡教师在不断的交流中达成理念和思想的融合，逐步使城乡教学理念和水平趋于平衡。

（三）开展科学有效的师资培训

通过调查发现，教师在地方课程和学校课程上存在较大缺口，在教学质量上同样问题较大。主要原因为非专职教师未参加专业师资的培养，以及在职期间的培训专业程度不高，故这部分教师对课程的专业知识、实际教学掌握较浅。在三级课程中，地方课程和学校课程具有较强的综合性和实践性，对教师具有不同的要求，面对这样的现状，应定期开展培训，强化教师能力。首先，各地要建立健全教研指导制度，明确负责科室和工作人员，教研员可针对所负责区域开展地方课程和校本课程的定时、定点调研和指导，并针对普遍存在的问题组织教研活动。其次，设立地方课程和校本课程专题培训，加大培训力度，提高教师的课程执行能力。将地方课程、学校课程的培训纳入教师培训体系中，形成教学—研究—培训三位一体的教师专业发展有效机制，在教学和培训中强化课程开发能力，鼓励教师参与自主性研训，优化研训方式，形成新型教学研究模式等。最后，增强培训针对性，培训内容要以课程的专业知识和教学技能为重点。例如，针对地方课程的培训，那就要以地方课程的专业知识和教学技能为重点，并依据地方课程的具体门类进行分类培训，通过教师公开示范课、集体教研等形式，帮助教师快速成长。

（四）提高课程管理者课程执行力

三级课程管理制度的有效落实，关键是需要一批懂教育、懂课程、懂管理的管理人员去实施。要加大培训力度，建立常规课程培训制度，提高课程管理者的课程执行能力。需要着力针对四类关键人员进行培训。一是面向教育行政部门的课程管理人员进行培训，着力提升他们对国家义务教育课程政策的理解力以及对三级课程的统筹规划能力；二是面向地方各级教育督导人员进行培训，着力提升他们的课程政策理解力、课程实施现状的专业化评价能力；三是面向地方各级教育科研机构中参与课程管理决策服务的教研人员进行培训，着力提升他们对三级课程实施的研究力和学校课程发展指导力；四是面向中小学校长，着力提升中小学校长课程领导力以及学校骨干教师的专业化课程开发设计能力和课程执行能力，解决学校课程管理执行能力欠缺的问题。以中小学校长为例，校长要发挥课程领导的职能，提高课程管理能力，具备一定的课程哲学观、课程专业知识以及明确的办学理念，并能够通过领导行为促进学校成员的专业发展；校长必须是课程教学专家，在课程改革中能够积极落实国家和地方课程，推进一系列的课程开发，其中包括校本课程的规划、设计、实施和评价等，以为学生提供适切的学习计划和发展机会。

三、开发配套课程资源，满足教师教学需求

（一）精准配套三级课程管理所需的课程资源

实施三级课程管理，我国亟须制定义务教育阶段不同科目的国家课程质量标准，在学生的学习深度和广度以及学习时间上做出明确规定，在此基础上地方和学校再制订特色化、多样化的课程方案。在具体的课程管理中，不同层级、不同地区、不同学校、不同水平的课程管理主体对支撑性资源的需求既有共同性也有差异性。共同性体现在所有地区和学校都需要一定的自主权，需要一定的专业指导，需要一些制度性空间，需要一定的经费、人员和硬件设施等。调查表明，即使是一个经济文化强省，其省内城乡之间、不同经济发展水平区域之间、不同学校之间在课程管理能力、制度基础、办学条件、拥有的课程资源、师资队伍水平、社会支持等方面也存在着比较明显的差异，这些差异也就从根本上决定了对课程管理资源需求的多样性。因此，完善三级课程管理制度，必须充分尊重考虑这种需求的多样性和差异性，根据不同的需求精准配套不同地区、不同学校三级课程管理所需的资源，促进不同地区和学校能够在各自基础之上逐步全面落实三级课程管理政策的统一要求。

（二）加强农村地区课程资源开发

农村地区蕴含着丰富的乡土自然资源、民间文化资源和实践活动资源，包含现代精神和物质文化资源，这为农村地区学校校本课程开发提供了资源保障。反观现实，课程资源匮乏、教师课程资源意识淡薄等问题较

为突出，这也是影响三级课程实施最重要的因素之一。因此，我们应从资源整合的视角，合理开发和利用农村地区具有价值的各项课程资源，以保障三级课程在学校顺利实施。

1. 寻找富有教育意蕴的乡土资源

调研发现，部分教师课程资源意识淡薄，认为农村地区课程资源太少，无法与城市中的学校资源相比较，城市的学校办学条件好，硬件设施设备齐全，拥有丰富的社会资源，如图书馆、少年宫、博物馆、科技馆、体育馆等，可开发的课程比较丰富。这样的观点是比较片面的，虽然农村学校没有城市学校一样的办学条件，但农村地区蕴含着独特的育人资源，这些课程资源是城市无法比拟的，是城市学校不具备的。"乡土课程资源是指有这块土地属性的、有潜在教育价值的、可以被这门乡土课程选用的内容。"❶ 随着社会的发展，乡土课程资源越来越具有开放性和动态性，总的来说，可以从以下几个方面寻找富有价值的乡土资源。

一是探寻彰显乡土特色的乡土知识。特色是一种事物显著区别于其他事物的风格和形式，这与该事物存在的特定环境息息相关，具有区别于其他事物的特点。而乡土特色是由特定区域内的人们在生产劳动、日常生活中创造而成的，能够反映该区域特色的内容，总体上这些内容是积极向上的、具有正向价值的，并且选择的乡土特色要被乡民所熟知并喜闻乐见。实际上，在全国各省（自治区、直辖市）都有丰富的乡土资源，如红色资源、文化传统资源、乡风民情资源和自然资源等。由此，加强学校对课程资源开发的意识具有重要意义。可通过实地考察、一线访谈、专家咨询、文献查询等方式探寻地区特色和学校特色的乡土知识，依据学校的教育理念、办学思想，结合学校实际和学生兴趣，由教师加以整理、编写，进而挖掘其深层次的价值和课程意义。

---

❶ 宋林飞. 对乡土课程几个核心概念的探讨：乡土课程建设（一）[J]. 现代教学，2014（5）：41 –43.

二是厘清乡土知识的育人内涵，发挥课程的综合育人价值。具有育人价值是乡土课程资源的首要属性，也是其能够进入课程的先决条件，学校教育主体要严格把好育人关、准入关，杜绝不符合学生发展需求的内容进入学校和课堂。乡村生产和生活蕴含着多元的风俗及知识，这些风俗和知识是分散的、零碎的，需要学校进行教育化和系统化的处理，去除乡土知识中的不适宜内容，凸显教育意义，乡土"知识只有在引导学生看到新的关系和联系，增进他的'理解力'时，才是有教育性的"❶。通过学校的设计与整理，分散的乡土知识才能升华为乡土课程资源，这也是区别于其他乡土知识的重要特征。学生在学习乡村历史文化知识过程中就会萌生乡土情怀，在学习乡村传统技艺的过程中深入理解传统文化的价值，潜意识中增强乡土自豪感。

三是积累不同形式的乡土素材，做到资源及时更新。乡土课程资源的开发与利用是一个长期工程，需要学校管理主体常抓不懈。乡土知识不仅丰富，而且具有多种表现形式，如乡村生活、历史文化、田园劳作、手工技艺、书法画作、歌曲舞蹈等，这些形式需要教师不断地去发现和挖掘，并以文本、图片、视频、音频等方式保存下来，使其成为课程资源的重要组成部分。随着时代的发展和变迁，乡土知识并非一成不变，而是拥有了新的样态和价值内涵。因此，乡土课程资源的开发需要紧跟时代步伐，灵活多变地去整理和设计课程，以满足师生的发展需求。"为此，乡村学校教育主体需要定期关注乡土资源新变化、收集新素材、挖掘新内涵、补充新内容、构建新课程，持续革新乡土课程体系"❷。

2. 多方联动共同开发乡土课程资源

仅凭学校一支力量开发乡土课程资源，这是远远不够的，校内外多方

---

❶ 约翰·杜威. 学校与社会·明日之学校 [M]. 赵祥麟，任钟印，吴志宏，译. 北京：人民教育出版社，2005：14.

❷ 赵鑫，涂梦雪. 乡村振兴背景下乡土课程资源优化策略 [J]. 教育评论，2020（2）：140－147.

力量的联动才是乡土课程资源的有效保障。

一是学校管理者提高课程开发的领导力，在乡土课程资源开发过程中，加强自身课程的规划能力。学校领导要树立课程建设的全局意识，能够以学校长远发展为目标，科学、合理地设置课程方案，统筹乡土课程资源。在此基础上，学校领导也要大力激发教师的积极性，通过优化教师内部管理制度，设置奖励机制充分调动教师参与课程开发的动力，在绩效考核或职称评定上给予倾斜，引导教师主动投入到乡土课程资源开发和学校课程建设中去。

二是师生合作，共同修正课程建设的方向和内容。教师是学校的核心主体，是乡土课程资源开发的主力军，课程的开发要在实践中去历练，能够根据实际存在的问题找到解决方法，不断积累课程开发的实践知识和实践经验，在与专家、学生交流研讨中总结经验与教训。与此同时，学生是乡土课程资源开发的初衷与归宿，要确保学生在学校中获得成长与发展。如果乡土课程资源脱离了学生的发展需求，不以学生的发展为教学目标，那么这样的课程也是毫无意义的。因此，乡土课程资源不仅要"为学生"开发，而且还要"与学生"共同开发，通过师生合作，让学生检验课程、评价课程，师生共同修正课程建设的方向和内容。

三是邀请社会力量参与课程开发。前文已讲述了学校管理者、教师和学生参与乡土课程资源开发的方式，除此之外，政府部门、专家学者、家长等也是课程开发的中坚力量。首先，学校要主动关注政府部门出台的相关教育政策，把握发展契机，获取更多的政策支持，寻求在人力、物力和财力上得到帮助，为乡土课程资源开发提供有力保障；其次，邀请民间艺人、非物质文化遗产传承人、能人巧匠等作为乡土课程资源开发的顾问或兼职教师，确保课程的独特性和本土性；再次，还可以邀请高校教师或教师进修学校的课程专家展开技能培训，并搭建稳定的课程资源开发平台，通过理论指导为乡土课程建设"保驾护航"。

3. 采取多元的乡土课程资源开发方式

学校要遵循"点""线""面"的课程建设逻辑，灵活运用多元方式开发课程资源。首先，学校要遵循办学方向、发挥学校优势、挖掘独特资源、汲取宝贵经验，不断形成具有自主性和创造性的乡村学校文化，使学校具有鲜明的特色，持续打造凝聚乡土特色的校本课程；其次，乡村学校将乡土知识融入学科课程及其教学活动是课程文化建设兼顾普遍性知识和地方性知识的可行方式，能够增强乡村教育文化的包容性，形成乡土优秀文化传承的长效机制，也是国家课程区域化、校本化和生活化实施的良方良策。

四、关注学校差异，促进义务教育均衡发展

受到历史发展、地理位置、经费投入、教育理念和师资水平等因素影响，不同地区学校发展也存在一定的差异性和不均衡性，如何做到义务教育均衡发展，是当下亟须思考和解决的问题。我国教育发展的根本目标是义务教育均衡发展，教育作为民生的重要组成部分，关系到社会的稳定和人民幸福。新课程的实施需要制定新的策略，要从实际出发，要重点关注差异，要从推进最困难的农村地区着手。

（一）制定符合农村实际情况的课程推进策略

新课程的推进应避免千篇一律的模式和策略，应结合当前存在的主要矛盾，差异化地实施新课程。首先，提高地方教育行政部门，尤其是农村地区教育管理主体和学校对新课程的认识，"地方政府的主要领导和教育行政部门的主要负责人要承担课程改革领导小组的组长，强化对课程改革的领导工作，进一步增强地方政府对新课程改革的紧迫感、使命感和责任感"❶；其

---

❶ 王嘉毅，赵志纯. 我国农村基础教育课程改革：问题与对策［J］. 教育研究，2010（11）：25－30.

次，加大经费投入。在经费问题上，要保障地方课程和校本课程实施的专项经费，包括中央划拨农村地区新课程改革专项经费，以及地方政府配套的相关经费，政策上有倾斜，资金确保到位，重点支持农村地区学校基础设施建设、师资引进与培训；再次，继续推行"教材多样化"。"教材多样化"已实施多年，但效果不理想，目前国家课程能够做到统一课程有不同版本教材选择，但仔细阅读发现，多版本的教材内容没有本质的区别，都存在相同问题，即"城市化"较为严重，导致学生不熟悉，理解存在困难。因此，应根据农村实际情况编写教材，让教材符合当地的文化背景和学生的认知水平。

（二）建立资源共享合作推进的新机制

教育资源的均衡配置是义务教育优质均衡发展的基础和保障，其中所涉及的人力、财力和物力是资源配置的核心内容，建立资源共享新机制，可以打破学校边界，克服区域内优质学校和一般学校、城市学校和农村学校存在的政策差异、资源差异，通过共享优质教育资源促进教育公平和质量。首先，省级教育行政部门和县级教育行政部门在课程管理过程中，要以"资源共享"为理念，根据省级和县级的实际情况，制定和完善义务教育资源共享相关制度，明确各级管理主体在资源共享中的责任和权限；其次，建立校际间的合作机制，教育主管部门划定区域内的优质学校和薄弱学校，规定各自的责任范围、权限，规定学校合作的内容、方式、时间等细则；最后，制订详细的人力、财力和物力资源的共享方案。以人力资源共享为例，要发挥各合作学校的人力资源优势和学科优势，组织跨校授课、集体教研、集体备课、区域内校际间看课评课等活动，尤其是对严重缺乏的音体美和英语学科专任教师，可进一步明确共享的人数、时间、数量、频次等内容。

五、构建多元评价体系，注重学生核心素养的发展

《深化新时代教育评价改革总体方案》中提出四种评价，即改进结果评价、强化过程评价、探索增值评价、健全综合评价，不同的评价方式其含义不同，但都指向了构建多元课程评价体系的改革重点和方向，以解决当下中小学教育注重结果性评价的顽疾。目前，由于"双减"政策的颁布，中小学封闭且单一的评价方式虽有改变，但注重学业成绩的结果性评价依然存在，学生的分数、学校的升学率和重点率等根深蒂固的评价方式依然无法完全消除。因此，建立多元的课程评价体系，发现和发展学生多方面的潜能，通过评价促进学生核心素养的发展。

（一）建立评价学生全面发展的指标体系

《新方案和新课标》指出，要全面落实新时代教育评价的改革要求，着力推进评价观念、方式方法改革，提升考试评价质量。因此，教育评价不仅要关注学生的学业成绩，也要兼顾学生多方面发展的需求，帮助学生认识自我、建立自信。在评价观念上，要以强化学生素养为导向，注重对正确价值观、必备品格和关键能力的考察，开展综合素质评价。评价过程中要注重提高学生的自我反思能力，正确引导学生善于利用评价结果改进学习。在评价方式方法上，新课标的评价不只是对知识和能力的评价，更注重学生学习过程的观察、记录和分析，强调学生获得结果的过程和体验，结果的呈现可以通过动手操作、作品展示、口头报告等方式。在考试的评价上，为了全面描述学生的发展状况，可以采用在教学的过程中开展评价，评价学生学习的各阶段表现和成果。要推进基于核心素养的考试评价，将考试与其他的评价方法结合起来，增强评价的适宜性、有效性。

（二）加强地方和学校层面的课程评价

在地方课程和学校课程实施过程中课程评价往往被忽视，评价不够严

密，评价方式单一，考查方式多以总结或报告的形式为主。调查中发现教师没有经过专门的课程评价培训，缺乏对评价专业知识的掌握，从而在校本课程评价中采用最为熟悉的书面测验的评价形式，难以实现地方和校本课程促进学生全面发展的初衷。由于各级教育行政部门对地方课程、校本课程重视程度不够，未将其纳入学校综合评价指标中。为了规范地方课程的管理，改变内容重叠、落实不力的局面，提出以下建议：一是对地方教育行政部门进行统一规范、总体规划，严格规定地方课程"进课堂"的要求，组织专业人员制定地方课程的机制、标准和办法，采取措施保证经常性地开展地方课程评价活动，同时地方教育行政部门主动组织、委托第三方机构等帮助学校开展课程评价工作，以此不断完善地方课程的实施；二是通过上级部门进行筛选，严格按照"中小学综合课程指导纲要"整合国家的专题教育和地方课程，明确校本课程管理部门，出台相关规定和政策文件，成立教材审定委员会，为校本课程的开发与实施提供有力的指导与帮助。

六、规范课程管理行为，保障三级课程落地生根

（一）成立地方和学校课程发展委员会

针对地方和学校缺乏课程整体规划，有些地方和学校没有开设地方课程和校本课程，以及课程管理缺乏规范、课程质量参差不齐、少数地方教育行政部门监管缺位等问题，亟须成立地方课程发展委员会和学校课程发展委员会。地方课程发展委员会的职责包括整体规划本地区的课程计划、进行地方课程开发、指导学校进行校本课程开发以及对地方和学校课程进行评价。地方课程发展委员会由地方教育行政人员、课程专家、企业和社区代表、学校领导和教师代表、学生和家长代表等人员构成。学校课程发展委员会的职责包括学校课程计划和规划、决定各年级各学习领域学习节

数、审查自编教学科研用书及设计教学主题与教学活动，并负责课程与教学评价、学校课程重大议题审议等。学校课程发展委员会由学校领导、任课教师、课程专家、社区代表、学生代表和家长代表等人员构成。地方课程发展委员会和学校课程发展委员会的建立能够搭建地方和校本课程管理的组织平台，有利于促进地方和学校课程开发、实施和评价的常态化、制度化，避免课程权力流于形式以及权责不清带来的当为不为、过度干预现象，可保障地方和学校课程权力真正落地生根。

（二）建立健全国家课程质量监测体系

建立课程质量监测体系是世界各国的通用做法。目前，教育部在北京师范大学和华东师范大学分别建立了基础教育质量监测中心。通过对课程改革实施状况的监控，可以及时反馈课程方案在不同地区、不同学校的实施程度和水平，并积累数据和案例，为课程方案、课程标准的修订提供实践依据。但是，仅仅依靠这两个基础教育质量监测中心，是远不能满足全国基础教育课程改革发展需求的。建立健全国家课程质量监测体系，不仅能全面反映基础教育课程改革的实际情况，而且对农村地区的学校意义尤为重大。农村学校在推进义务教育阶段三级课程管理的过程中，较之城市学校遇到的问题更多、更复杂。因此，建立国家、省两级课程质量监测制度，及时反馈农村学校在课程改革中遇到的困难与问题，增强三级课程管理制度的弹性，从而为宏观层面的课程管理提供依据或参考。

参考文献

一、著作

[1] 顾明远. 教育大辞典［M］. 上海：上海教育出版社，1986.

[2] 钟启泉. 现代课程论［M］. 上海：上海教育出版社，1989.

[3] 廖哲勋. 课程学［M］. 武汉：华中师范大学出版社，1991.

[4] 汉语大词典：第 8 卷［M］. 北京：汉语大词典出版社，1991.

[5] 白月桥. 课程变革概论［M］. 石家庄：河北教育出版社，1996.

[6] 何东昌. 中华人民共和国重要教育文献（1976—1990）［M］. 海口：海南出版社，1998.

[7] 何东昌. 中华人民共和国重要教育文献（1991—1997）［M］. 海口：海南出版社，1998.

[8] 钟启泉，崔允漷，张华. 为了中华民族的复兴，为了每位学生的发展：《基础教育课程改革纲要》解读［M］. 上海：华东师范大学出版社，2001.

[9] 唐德海. 大学课程管理的理论与方法研究［M］. 北京：中国科学技术出版社，2002.

[10] 何东昌. 中华人民共和国重要教育文献（1998—2002）［M］. 海口：海南出版社，2003.

[11] 廖哲勋，田慧生. 课程新论［M］. 北京：教育科学出版社，2003.

[12] 欧用生. 课程典范再建构［M］. 台北：丽文文化出版社，2003.

[13] 吕达，周满生. 当代外国教育改革著名文献（英国卷·第一册）［M］. 北京：人民教育出版社，2004.

[14] 钟启泉. 课程论［M］. 北京：教育科学出版社，2007.

[15] 黄忠敬，范国睿，杜成宪. 课程政策［M］. 上海：上海教育出版社，2010.

［16］蒋建华. 知识·权力·课程：政策视野中的课程研究［M］. 北京：教育科学出版社，2010.

［17］苏小兵，肖思汉. 学校课程改革的政策与践行［M］. 上海：华东师范大学出版社，2016.

［18］张晓光. 走进芬兰基础教育［M］. 重庆：西南师范大学出版社，2017.

［19］和学新，等. 课程改革：新世纪的国际视野［M］. 北京：中国社会科学出版社，2018.

［20］廖哲勋. 课程教学改革与教育思想建设［M］. 北京：人民教育出版社，2018.

［21］崔允漷，王涛，雷浩.《义务教育课程方案（2022 年版）》解读［M］. 北京：北京师范大学出版社，2022.

［22］吴刚平，安桂清，周文叶. 新方案·新课标·新征程：《义务教育课程方案和课程标准（2022 年版）》研读［M］. 上海：华东师范大学出版社，2022.

［23］杨燕燕. 国外课程改革政策及其价值取向［M］. 杭州：浙江大学出版社，2010.

［24］中华人民共和国教育部. 义务教育课程方案（2022 年版）［M］. 北京：北京师范大学出版社，2022.

二、期刊

［1］中共中央关于教育体制改革的决定［J］. 中华人民共和国国务院公报，1985（4）：467－477.

［2］全日制普通高级中学课程计划（试验）［J］. 学科教育，1996（4）：2－7.

［3］全国中小学教材审定委员会工作章程［J］. 课程·教材·教法，1996（12）：1－4.

［4］成尚荣. 为学校服务：地方对学校课程管理的本质［J］. 课程·教材·教法，2003（2）：1－4.

［5］郭继东. 我国课程管理体制改革刍议［J］. 教学与管理. 1998（7、8）：3－6.

［6］李慧君. 我国课程管理的主要问题及改革建议［J］. 课程·教材·教法，1998（7）：31－34.

［7］崔允漷. 略论我国基础教育课程政策的改革方向［J］. 教育发展研究，1999（9）：32－34.

［8］郭元祥. 关于地方课程开发的几点思考［J］. 课程·教材·教法，2000（1）：

6 – 8.

[9] 郭晓明. 分级课程管理体制改革的几个迫切问题 [J]. 教育理论与实践, 2001 (1)：15 – 18.

[10] 胡东芳. 论课程政策的定义、本质与载体 [J]. 教育理论与实践, 2001 (11)：49 – 53.

[11] 柳夕浪. 地方课程管理：地位、作用与策略 [J]. 课程·教材·教法, 2001 (11)：15 – 19.

[12] 成尚荣, 彭钢, 张晓东. 课程管理：问题与对策 [J]. 江苏教育, 2002 (8)：20 – 22.

[13] 钟启泉. 从"课程管理"到"课程领导" [J]. 全球教育展望, 2002 (12)：24 – 28.

[14] 徐辉, 章光洁. 日本地方对基础教育课程的管理及开发 [J], 外国中小学教育, 2002 (3)：11 – 14.

[15] 夏心军, 日本义务教育课程改革及其启示 [J]. 教学与管理, 2003 (2).

[16] 李敏. 从三级对立走向三级整合的世界课程管理模式 [J]. 全球教育展望, 2004 (6).

[17] 成尚荣. 地方课程管理和地方课程开发 [J]. 教育研究, 2004 (3)：67 – 71.

[18] 蒋建华. 走向政策范式的课程研究 [J]. 北京大学教育评论, 2004 (1)：89 – 94.

[19] 靳玉乐, 赵永勤. 校本课程发展背景下的课程领导：理念与策略 [J]. 课程·教材·教法, 2004 (2)：8 – 12.

[20] 李定仁, 段兆兵. 试论课程领导与课程发展 [J]. 课程·教材·教法, 2004 (2)：3 – 7.

[21] 余进利. 我国基础教育三级课程管理体制实施评述 [J]. 当代教育科学, 2004 (4)：22 – 25.

[22] 张廷凯. 革新课程领导的现实意义和策略 [J]. 课程·教材·教法, 2004 (2)：13 – 18.

[23] 曹石珠, 张传燧. 地方课程开发实施值得关注的几种倾向 [J]. 中国教育学刊, 2005 (3)：23 – 26.

[24] 马云鹏, 王波, 严劲松. 谈新课改下农村中小学校长的课程领导 [J]. 教育理论

与实践，2005（5）：44－48.

［25］彭虹斌. 新课程背景下的校长课程管理［J］. 课程·教材·教法，2005（11）：
10－14.

［26］徐君. 从课程管理到课程领导：课程发展的必由之路［J］. 课程·教材·教法，
2005（6）：10－12.

［27］张相学. 学校课程管理解读［J］. 中国教育学刊，2005（9）：41－44.

［28］崔允漷，张雨强. 督教分离，教考合———英国三级课程管理的经验及启示
［J］. 全球教育展望，2005（10）.

［29］高峡. 我国义务教育课程标准的深化研究［J］. 教育研究与实验，2007（4）：
63－68.

［30］屠莉娅. 隐形的对抗：课程分权管理中的困境与启示［J］. 当代教育科学，2007
（12）：12－15，18.

［31］张学强，许可峰. 论"多元一体教育"的实质与我国民族教育的出路［J］. 贵
州民族研究，2007（5）：132－137.

［32］季诚钧. 课程管理与课程领导辨析：兼与靳玉乐先生商榷［J］. 教育研究，2009
（3）：98－102.

［33］刘德芝. 我国当前基础教育课程政策执行的研究综述［J］. 常州工学院学报：社
科版，2010（4）：106－109.

［34］王嘉毅，赵志纯. 我国农村基础教育课程改革：问题与对策［J］. 教育研究，
2010（11）：25－36.

［35］王凯. 地方课程发展困境的文化学审视及可能突破［J］. 教育发展研究，2011
（10）：41－46.

［36］杨道宇. 中国课程政策研究的回顾与反思［J］. 河北师范大学学报：教育科学
版，2011（6）：27－31.

［37］焦蒲，冯忠跃. 四川省义务教育地方课程实施现状调研报告［J］. 教育科学论
坛，2012（4）：73－75.

［38］王旭阳，肖甦. 俄罗斯现行教育质量评估体系述评［J］. 比较教育研究，2011
（2）.

［39］杨波，黄水清，白振田. 高影响力作者的机构分布模式研究［J］. 图书情报工
作，2012（11）.

［40］周海银. 学校课程管理问题的政策分析［J］. 课程教学研究，2012（10）：15 – 17.

［41］杨润勇. 地方教育决策要从政策分析中来［J］. 辽宁教育，2013（08）：18 – 19.

［42］周庆双，罗生全. 基础教育三级课程实施的问题与建议：基于对重庆市部分中小学的调研分析［J］. 教学与管理，2013（31）：34 – 35.

［43］宋林飞. 对乡土课程几个核心概念的探讨：乡土课程建设（一）［J］. 现代教学，2014（5）：41 – 43.

［44］张华. 论课程领导［J］. 教育发展研究，2014（2）：1 – 9.

［45］高原. 美国当代标准化测试的命运与教育权利的转移：从《不让一个孩子掉队法案》到《每一个学生成功法案》［J］. 课程·教材·教法，2016（9）：121 – 127.

［46］郝志军. 基础教育课程改革反思与推进建议［J］. 西北师范大学报：社会科学版，2017（5）：99 – 104.

［47］田丽，隋人珠. "三级课程"今如何？：基于部分省市义务教育阶段三级课程实施情况的实证调研［J］. 基础教育课程，2017（21）：30 – 37.

［48］张闫，马志颖. 英国新一轮课程改革及其启示［J］. 教学与管理，2018（4）.

［49］崔允漷，雷浩. 中国基础教育课程改革的 70 年历程：从规范为先的教学体系到育人为本的课程制度［J］. 人民教育，2019（22）：50 – 52.

［50］李保强，朱薇. 我国课程管理价值观的历史演绎与多维重构：纪念中华人民共和国成立 70 周年［J］. 现代教育管理，2019（9）：7 – 12.

［51］成尚荣. 地方课程的发展检视与时代再建构［J］. 课程·教材·教法，2020（4）：4 – 9.

［52］赵鑫，涂梦雪. 乡村振兴背景下乡土课程资源优化策略［J］. 教育评论，2020（2）：140 – 147.

［53］夏永庚，刘奕冉. 素质教育课程体系的"政策·理论·实践"三维建构：基础教育课程改革 20 年的历史贡献与经验［J］. 全球教育展望，2022（8）：3 – 14.

三、硕博论文

［1］王宝玺. 地方课程政策研究［D］. 重庆：西南师范大学，2003.

［2］杨中枢. 学校课程管理研究［D］. 兰州：西北师范大学，2004.

［3］谭娟晖. 我国地方课程开发的困境与对策［D］. 桂林：广西师范大学，2005.

［4］赵正新. 关于我国课程改革政策执行力的研究［D］. 上海：华东师范大学，2005.

［5］张相学. 学校如何管理课程：主体论视野下学校课程管理的思考［D］. 南京：南京师范大学，2006.

［6］石少岩. 俄罗斯普通教育国家标准研究［D］. 北京：首都师范大学，2007.

［7］李志超. 三级课程管理的权力运作研究［D］. 重庆：西南大学，2013.

［8］李迪. 黑龙江地方课程实施研究［D］. 哈尔滨：黑龙江大学，2015.

四、译著

［1］Fred C. Lunenburg，Allan C. Ornstein. 教育管理学—理论与实践［M］. 孙志军，金平，曹淑江，等译. 北京：北京轻工业出版社，2003.

［2］迈克尔·富兰著. 变革的力量——深度变革［M］. 中央教育科学研究所，加拿大多伦多国际学院，译. 北京：教育科学出版社，2004.

［3］约翰·杜威. 学校与社会·明日之学校［M］. 赵祥麟，任钟印，吴志宏，译. 北京：人民教育出版社，2005.

五、英文文献

［1］Everard，K. B，Morris. G. Effective School Management［M］. London：Harper and Row1，1985：92.

［2］Day C. Johnston D，Whitaker P，Managing Primary School：A Professional Development AP－proach［M］. London：Harper and Row，1985：68.

［3］Robert F. McNergny，Joanne M. McNergney. The Practice and Profession of Teaching［M］. Boston：Pearson Education，Inc.，2007.

六、论文集

［1］黄显华. 课程领导的专业发展：理念和实践［C］. 兰州：第五届两岸三地课程理论研讨会（课程领导与课程评价的理论与实践），2003（6）.

七、政策文件

［1］教育部关于印发《基础教育课程改革纲要（试行）》的通知［EB/OL］．（2001－06－08）［2023－03－01］．http：//www.moe.gov.cn/srcsite/A26/jcj＿kcjcgh/200106/t20010608_167343.html.

［2］国家中长期教育改革和发展规划纲要（2010—2020年）［EB/OL］．（2010－07－29）［2023－03－01］．http：//www.gov.cn/jrzg/2010－07/29/content_1667143.htm.

［3］广东省人民政府关于推进我省教育"创强争先建高地"的意见［EB/OL］．（2013－02－22）［2023－03－01］．https：//www.gd.gov.cn/gkmlpt/content/0/141/post_141668.html#7.

［4］教育部关于全面深化课程改革落实立德树人根本任务的意见［EB/OL］．（2014－04－08）［2023－03－01］．http：//www.moe.gov.cn/srcsite/A26/jcj＿kcjcgh/201404/t20140408_167226.html.

［5］教育部关于深入推进教育管办评分离促进政府职能转变的若干意见［EB/OL］．（2015－05－06）［2023－03－01］．http：//www.moe.gov.cn/srcsite/A02/s7049/201505/t20150506_189460.html.

［6］教育部关于印发《中小学德育工作指南》的通知［EB/OL］．（2017－08－22）［2023－03－01］．http：//www.moe.gov.cn/srcsite/A06/s3325/201709/t20170904_313128.html.

［7］教育部关于做好普通高中新课程新教材实施工作的指导意见［EB/OL］．（2018－08－16）［2023－03－01］．http：//www.moe.gov.cn/srcsite/A06/s3732/201808/t20180824_346056.html.

［8］中共中央、国务院印发《中国教育现代化（2035）》［EB/OL］．（2019－02－23）［2023－03－01］．http：//www.gov.cn/xinwen/2019－02/23/content_5367987.htm.

［9］广东从教育大省迈向教育强省［EB/OL］．（2019－03－12）［2023－03－01］．https：//news.southcn.com/node_54a44f01a2/0e915c4611.shtml.

［10］广东省教育厅关于公布2018年地方课程教材审查结果的公告［EB/OL］．（2021－12－21）［2023－03－01］．http：//edu.gd.gov.cn/zwgknew/gsgg/content/post_3730754.html.

［11］中共中央 国务院关于深化教育教学改革全面提高义务教育质量的意见［EB/OL］．（2019－07－08）［2023－03－01］．http：//www.gov.cn/zhengce/2019－

07/08/content_5407361. htm.

[12] 教育部关于印发《中小学教材管理办法》《职业院校教材管理办法》和《普通高等学校教材管理办法》的通知 [EB/OL]. (2019 – 12 – 18) [2023 – 03 – 01]. http：//www. moe. gov. cn/srcsite/A26/moe_714/202001/t20200107_414578. html.

[13] 教育部关于印发《中小学少数民族文字教材管理办法》的通知 [EB/OL]. (2021 – 09 – 01) [2023 – 03 – 01]. http：//www. moe. gov. cn/srcsite/A26/moe_714/202110/t20211015_572561. html.

[14] 中华人民共和国教育部. 义务教育劳动课程标准（2022 年版）[S]. 北京：北京师范大学出版社，2022：2.

[15] 中华人民共和国教育法 [EB/OL]. (2021 – 4 – 29) [2023 – 10 – 23] http：//www. moe. gov. cn/jyb_sjzl/sjzl_zcfg/zcfg_jyfl/202107/t20210730_547843. html.

八、网络资源

[1] 习近平：高举中国特色社会主义伟大旗帜 为全面建设社会主义现代化国家而团结奋斗——在中国共产党第二十次全国代表大会上的报告 [EB/OL]. (2022 – 02 – 18) [2023 – 10 – 23]. https：//www. gov. cn/xinwen/2022 – 10/25/content_5721685. htm.

附 录

附件一　义务教育阶段三级课程管理执行情况调查问卷
（行政干部、督学、教研员）

老师，您好！

为全面、系统、深入把握我国义务教育阶段三级课程管理现状，使我国义务教育阶段课程方案和课程标准修订工作具有科学合理的决策基础，特组织了本次关于我国义务教育阶段三级课程管理现状的专题调研。问卷采用匿名形式，研究过程中将对问卷信息严格保密。答案没有对错之分，请根据您所在岗位按照实际情况真实作答。谢谢您的参与和支持！

一、个人基本信息

1. 您的最高学历：

A. 大专　　　　　　　　　　　B. 本科

C. 硕士研究生　　　　　　　　D. 博士研究生

2. 目前您就职于：

A. 省级教育行政部门　　　　　B. 省级教科研部门

C. 地市级教育行政部门　　　　D. 地市级教科研部门

E. 县区级教育行政部门　　　　F. 县区级教科研部门

二、义务教育阶段三级课程管理实施情况调查正卷

1. 对于三级课程管理，相应的管理机构设置情况＿＿＿＿＿＿＿＿＿＿（可多选多填）

    A. 您所在省设置了省级课程管理机构，具体名称为＿＿＿＿＿＿＿＿

    B. 您所在地市设置了地市级课程管理机构，具体名称为＿＿＿＿＿＿

    C. 您所在县（区）设置了县区级课程管理机构，具体名称为＿＿＿＿

    D. 依托教研部门进行管理，未设置专门的机构和人员

    E. 不清楚

    F. 其他＿＿＿＿＿＿＿＿（请填写）

2. 当地课程管理的人员构成情况是＿＿＿＿＿＿＿＿＿＿（可多选）

    A. 主要是从事学科（课程）研究与管理的人员

    B. 主要是从事教学研究与管理的人员

    C. 主要是教育督导评价人员

    D. 主要是其他教育行政人员

    E. 不清楚

    F. 其他＿＿＿＿＿＿＿＿（请填写）

3. 您所在省是否对国家课程进行过调整（如增加、减少、整合国家课程的门类和课时等）？A. 调整过；B. 没有调整。如果有调整，调整的原因是＿＿＿＿＿＿＿＿＿＿（可多选）

    A. 遵循省级主要领导批示

    B. 遵循省级教育部门主要领导指示

    C. 相关课程管理与研究机构建议

    D. 适应本省中小学教育教学的实际需要

    E. 不清楚

    F. 其他＿＿＿＿＿＿＿＿（请填写）

4. 您所在省各级地方课程的规划与开发，主要是依据＿＿＿＿＿＿＿＿
（可多选）

　　A. 省、市、县（区）级主要领导批示

　　B. 省、市、县（区）级教育部门主要领导指示

　　C. 相关课程管理与研究机构意见

　　D. 相关职能部门（如禁毒办、民族机构）的要求

　　E. 本省、本地区中小学教育教学的实际需要

　　F. 其他＿＿＿＿＿＿＿（请填写）

5. 当地对国家课程的实施与管理的主要依据是＿＿＿＿＿＿（可多选）

　　A. 国家出台的《基础教育课程改革纲要（试行）》

　　B. 国家出台的《义务教育课程设置实验方案（2001 年)》

　　C. 国家出台的义务教育各学科课程标准（实验版与修订版）

　　D. 国家出台相关的课程政策、管理办法、解读等

　　E. 省级教育行政部门发布的国家课程设置、实施、管理办法或方案

　　F. 不太清楚

　　G. 其他＿＿＿＿＿＿＿＿＿＿＿（请填写）

6. 地方课程实施与管理的主要依据是＿＿＿＿＿＿＿（可多选）

　　A. 根据本省（地方）实际情况研制的省（地方）级义务教育课程设
置、实施、管理办法或方案

　　B. 未制订省（地方）级课程实施与管理办法，直接依据国家颁布的
《义务教育课程设置实验方案（2001 年)》和相关政策

　　C. 不太清楚

　　D. 其他＿＿＿＿＿＿＿＿＿＿＿（请填写）

7. 学校实施与管理课程的主要依据是＿＿＿＿＿＿＿（可多选）

　　A. 根据学校实际研制的课程实施与管理办法或实施方案

　　B. 主要依据省（地方）研制的课程实施与管理办法或实施方案

　　C. 主要依据国家出台的《义务教育课程设置实验方案》及相关政策
文件

D. 未研制学校课程实施与管理办法或实施方案

E. 不太清楚

F. 其他＿＿＿＿＿＿＿＿＿＿＿＿＿＿＿（请填写）

8. 您所在省（自治区、直辖市）的省级教育行政部门履行了哪些课程管理职能＿＿＿＿＿＿＿＿（可多选）

A. 制订本省（自治区、直辖市）义务教育阶段的课程计划并报教育部备案

B. 组织专家或与专家合作开发地方课程（包括课程标准与教材）

C. 通过申报、立项、审查地方教材的方式规范地方课程开发

D. 制定学校实施地方课程的指导性意见

E. 对各级地方课程和校本课程的开发和实施进行指导和监督

F. 通过下属各级地方教育行政部门，负责监督与评估当地学校制订实施《学校课程计划》的具体方案，并具体指导学校开发校本课程

G. 不太清楚

H. 其他＿＿＿＿＿＿＿＿＿＿＿＿＿＿＿（请填写）

9. 对于义务教育阶段课程管理过程中，您认为省级应具有哪些权限＿＿＿＿＿＿＿＿（可多选并按重要程度由大到小排序）；学校应具有哪些权限＿＿＿＿＿＿＿＿（可多选并按重要程度由大到小排序）。

A. 调整课程门类和数量

B. 调整课时安排

C. 调整教学组织方式（如选课走班、研学旅行等）

D. 调整师资配备

E. 教材开发

F. 课程资源开发

G. 督导评估

H. 课程实施评价

I. 课程经费管理使用

J. 设备设施配置

K. 其他＿＿＿＿＿＿＿（请填写）

10. 省级教育行政部门采用哪些具体的方式和途径来落实国家课程的？＿＿＿＿＿＿＿（可多选）

A. 统筹规划　　　　　　　　B. 制定政策文件

C. 督导检查　　　　　　　　D. 质量监控

E. 培训指导　　　　　　　　F. 其他＿＿＿＿＿＿＿（请填写）

11. 对国家课程开设不齐或不足的学校，地方教育行政部门采取的措施是＿＿＿＿＿＿＿（可多选）

A. 通报　　　　　　　　　　B. 约谈

C. 进行问责　　　　　　　　D. 在评估验收中一票否决

E. 调研后提出整改意见　　　F. 原因太复杂没办法解决

G. 其他＿＿＿＿＿＿＿（请填写）

12. 您认为造成国家课程开设不齐或不足的主要原因是＿＿＿＿＿＿＿（可多选并按问题严重程度由大到小排序）。

A. 学校课程领导力缺乏，政策理解和执行不到位

B. 缺乏专业培训、辅导和支持

C. 缺乏与课程配套的教学及学习资源

D. 缺乏相应的监督、指导、管理和评估

E. "应试"导向和压力

F. 财力、人力等资源不够

G. 其他＿＿＿＿＿＿＿＿＿＿＿（请填写）

13. 您所在地区的地方课程需要经过＿＿＿＿＿＿＿（可多选并按流程排序）程序方可实施。

A. 报备　　　B. 立项　　　C. 研发　　　D. 论证

E. 培训　　　F. 审查　　　G. 评估　　　H. 督导

I. 其他＿＿＿＿＿＿＿（请填写）

14. 您所在省（自治区、直辖市）采取哪些措施对校本课程进行指导和监督？＿＿＿＿＿＿（可多选）

　　A. 要求下属各级教育行政部门指导学校开发校本课程

　　B. 要求基层教育行政部门审议学校校本课程方案，反馈审议意见

　　C. 要求学校每学年向基层教育行政部门报备校本课程方案

　　D. 要求基层教育行政部门对学校校本课程实施效果进行监测

　　E. 学校开发的校本课程门类太多，没法管理

　　F. 其他＿＿＿＿＿＿（请填写）

15. 您认为三级课程管理模式在实现"促进简政放权、完善分级管理"方面效果如何？＿＿＿＿＿＿

　　A. 完全没有实现　　　　　　　　B. 基本没有实现

　　C. 实现了一部分　　　　　　　　D. 基本上实现

　　E. 完全实现　　　　　　　　　　F. 不清楚

16. 您认为三级课程管理模式在实现"满足不同地方、学校和学生的需要，提高课程的适应性"方面效果如何？＿＿＿＿＿＿

　　A. 完全没有实现　　　　　　　　B. 基本没有实现

　　C. 实现了一部分　　　　　　　　D. 基本上实现

　　E. 完全实现　　　　　　　　　　F. 不清楚

17. 现行课程方案中所规定的国家课程、地方课程与校本课程的课时比例，您认为＿＿＿＿＿＿（可多选），主要理由是＿＿＿＿＿＿（请填写）。

　　A. 较为合理，不需调整　　　　　B. 需要增加国家课程占比

　　C. 需要增加地方课程占比　　　　D. 需要增加校本课程占比

　　E. 需要减少国家课程占比　　　　F. 需要减少地方课程占比

　　G. 需要减少校本课程占比

18. 目前本地学校可以自主选择地方课程的课时比例为＿＿＿＿＿＿

　　A. 10%以内　　　B. 11%～30%　　　C. 31%～50%　　　D. 50%以上

19. 您认为目前三级课程管理政策实施与推进中出现的主要问题有
_____（可多选并按问题严重程度由大到小排序）。

A. 随意增减课程门类

B. 随意增减课时数量

C. 随意提高难度或降低教学要求（难度）

D. "副科"被"主科（或考试科目）"挤占

E. 地方或学校课程开设不足

F. 没有足够的专职教师开设相关课程

G. 教师在时间或精力上很难保证

H. 没有足够的教材或配套教学资源

I. 学生感到地方或校本课程加重了学习负担

J. 开设的课程不能激发学生兴趣，不能满足学生需求

K. 未能完全实现课程开设的初衷和目标，难以完成教学内容

L. 其他_____（请填写）

20. 您认为造成上述问题的主要原因是_____（可多选并按问
题严重程度由大到小排序）。

A. 课程领导力缺乏，政策理解和执行不到位

B. 培训、辅导制度缺失

C. 三级课程管理的权限设置不合理

D. 缺乏相应的指导、监督和评估

E. "应试"导向和压力

F. 财力、人力等支持不够

G. 如何管理地方课程、学校课程缺乏国家层面更为详尽的指南

H. 其他_____（请填写）

问卷结束，再次感谢您的合作！

附件二　义务教育阶段三级课程管理执行情况调查问卷

（校长、副校长、教务主任、教研主任）

尊敬的学校领导：

您好！

为全面、系统、深入把握我国义务教育阶段三级课程管理现状，为义务教育阶段课程方案和课程标准修订工作提供科学依据，特组织了本次关于我国义务教育阶段三级课程管理现状的专题调研。本问卷对您提供的相关信息只用于课题研究和决策参考。因此，请您根据真实情况填写，请在最符合自己情况的选项序号上打"√"。

衷心感谢您对本次问卷调查的支持和参与！

一、基本信息

1. 您的性别是：

A. 男　　　　　　　B. 女

2. 您任职学校干部的时间：

A. 不到3年　　　B. 3~5年　　　　C. 6~10年　　　　D. 10年以上

3. 您的学历是：

A. 专科以下　　　　　　　　B. 专科

C. 本科　　　　　　　　　　D. 硕士研究生

E. 博士研究生

4. 您的职级是：

A. 校长　　　　B. 副校长　　　C. 中层干部

5. 您的学校是：

A. 小学　　　　　B. 初中　　　　　C. 九年一贯制学校

6. 您的学校地处：＿＿＿＿＿＿省（自治区、直辖市）＿＿＿＿＿＿
（市）＿＿＿＿＿＿（区、县）

7. 您的学校在当地属于：

A. 城区校　　　　　B. 城市郊区校　　　C. 农村校

8. 您的学校属于：

A. 公办学校　　　B. 民办学校

二、国家、地方和学校三级课程管理情况调查（除题目规定外，每题限选一项）

1. 您对学校在国家三级课程管理体制中的职能和作用认识：

A. 非常了解　　　　　　　　B. 比较了解

C. 有所了解但具体内涵不清晰　　D. 很不了解

2. 您校是否设有落实国家、地方和学校课程的管理机构或部门？

A. 有　　　　　B. 没有

（1）该机构的具体名称＿＿＿＿＿＿（如果有，请填写）。

（2）该机构的组成人员包括（如果有，请回答，可多选）＿＿＿＿＿

A. 校长　　　　　　　　　B. 副校长

C. 教师　　　　　　　　　D. 学生

E. 家长　　　　　　　　　F. 社区成员

G. 课程专业人员　　　　　H. 其他＿＿＿＿＿＿（请填写）

3. 您校是否有落实国家、地方和学校课程的整体实施方案？＿＿＿＿

A. 有　　　　　B. 没有

4. 您校是如何确定每学年的课表安排的＿＿＿＿＿

A. 校长根据政策要求确定

B. 学校课程管理机构开会确定

C. 上级教育行政部门统一安排

D. 其他方式＿＿＿＿＿＿＿（请填写）

5. 您校是否开齐了规定的国家课程门类＿＿＿＿＿＿＿

A. 是   B. 否（选择否，请继续作答）

（1）您校未开齐的国家课程通常有＿＿＿＿＿＿＿

A. 语文   B. 数学   C. 外语   D. 科学

E. 生物   F. 历史   G. 地理   H. 道德与法治

I. 音乐   J. 美术   K. 综合实践活动

6. 您校的国家课程是否按规定开足了课时＿＿＿＿＿＿＿

A. 是   B. 否（选择否，请继续作答）

（1）您校未开足规定课时的国家课程通常有＿＿＿＿＿＿

A. 语文   B. 数学   C. 外语   D. 科学

E. 生物   F. 历史   G. 地理   H. 道德与法治

I. 音乐   J. 美术   K. 综合实践活动

7. 您校在执行国家课程中采取了哪些校本化实施方式＿＿＿＿＿＿＿

A. 整合国家课程门类   B. 调整国家课程课时

C. 明确校本化课程目标   D. 对国家课程进行分层分类实施

E. 制定校本化学习质量评价标准   F. 以上方式都未采取过

G. 其他方式＿＿＿＿＿＿＿（请填写）

8. 您校课表中目前开设了多少门地方课程＿＿＿＿＿＿＿

A. 0   B. 1   C. 2

D. 3   E. 4   F. 5

G. 以上都不是＿＿＿＿＿＿＿（请填写具体数量）

9. 您校课表中开设的地方课程平均每周占多少课时＿＿＿＿＿＿＿

A. 0   B. 1   C. 2

D. 3   E. 4   F. 5

G. 以上都不是＿＿＿＿＿＿＿（请填写具体数量）

10. 您校开设的地方课程是哪一级行政部门要求的？＿＿＿＿＿＿＿

A. 区（县）级教育行政部门

B. 地市级教育行政部门

C. 省（自治区、直辖市）级教育行政部门

D. 以上都有

E. 以上都没有

11. 您对学校开设地方课程的态度是＿＿＿＿＿＿＿

A. 需增加现有课时

B. 保持现有课时

C. 需减少现有课时

12. 您校校本课程的开发或选用情况是＿＿＿＿＿＿＿

A. 全部由学校自主开发

B. 全部是选用的

C. 开发和选用的各一半左右

D. 大部分是学校自主开发的，少部分是选用的

E. 少部分是学校自主开发的，大部分是选用的

13. 您校目前开设了多少门校本课程（包括学校自主开发或选用的课程）＿＿＿＿＿＿＿

A. 0　　　　　　　B. 1～10　　　　　　C. 11～20

D. 21～30　　　　E. 31～40　　　　　F. 41～50

G. 51 以上＿＿＿＿＿＿（请填写具体数量）

14. 您校的校本课程平均每周占多少课时＿＿＿＿＿＿＿

A. 0　　　　　　　B. 1　　　　　　　C. 2

D. 3　　　　　　　E. 4　　　　　　　F. 5

G. 以上都不是＿＿＿＿＿＿（请填写具体数量）

15. 您校研发开设的校本课程是由谁来开发的＿＿＿＿＿＿＿

A. 教师单独自主开发

B. 教师团队共同开发

C. 师生共同开发

D. 教师和家长共同开发

E. 学校组织专门团队开发

16. 您认为学校目前需要从哪些环节进一步加强校本课程管理
_____（选三项并排序）

A. 立项论证   B. 科学研发

C. 课程实施   D. 课程评价

E. 报备   F. 上级监督

17. 您校在下列哪些方面获得过上级教育行政部门的指导和监督_____

A. 国家课程校本化执行

B. 地方课程实施

C. 校本课程开发

D. 以上都有

E. 以上都没有

18. 您校获得上级教育行政部门对学校课程实施进行指导和监督的频率大约是_____

A. 每周一次   B. 每月一次

C. 每学期一次   D. 每年一次

E. 基本没有

19. 您认为哪一级课程的课时数量需增加_____每周增加_____（请填课时数量）。

A. 国家课程   B. 地方课程

C. 校本课程   D. 保持现有课时

20. 您认为哪一级课程的课时数量需减少_____每周减少_____（请填课时数量）。

A. 国家课程   B. 地方课程

C. 校本课程   D. 保持现有课时

21. 您如何反映学校课程管理中遇到的困难和问题？＿＿＿＿＿＿

A. 私下向相关领导反映   B. 有正式的制度渠道反映

C. 缺乏正式反映渠道   D. 上级部门指导监督时临时反映

E. 反映过，没有回复   F. 从不反映

22. 您认为学校在三级课程管理中遇到的主要问题是（限选三项并排序）＿＿＿＿＿＿

A. 国家课程校本化实施难度大

B. 地方课程实施效果待提升

C. 校本课程的开发和实施需规范

D. 缺乏专家的引领指导

E. 缺乏上级教育主管部门的支持

F. 各级课程管理职能具体内涵需进一步明确

G. 学校课程管理自主权不够

23. 您认为是否应当加大学校课程管理权？

A. 非常同意   B. 同意

C. 一般   D. 不同意

E. 非常不同意

24. 您根据学校课程管理职能的重要性进行选择＿＿＿＿＿＿。（可多选并按照重要程度由大到小排序）

A. 有更多自主开发设置校本课程的课时比例空间

B. 适当增加学校每周自主安排的教学时间

C. 对国家课程方案进行整体校本化实施

D. 对国家课程门类结合学校实际进行适当整合

E. 对国家课程的规定课时有适当的自行剪裁权（增加或减少）

F. 对地方课程有更多的自主选择权

G. 对实施国家课程方案有更多的参与和建议权

问卷结束，再次感谢您的合作！

附件三 义务教育阶段三级课程管理执行情况调研访谈提纲

（行政干部、督学、教研员）

各位领导、专家好！

我们需要了解义务教育三级课程管理实践现状并获取改革建议。经推选，项目组拟邀请您回答以下问题，以便于教育部决策参考。我们承诺将严格遵守调查研究伦理规范，请根据您了解的真实情况充分发表意见和建议。非常感谢您的贡献！

【您的个人信息，请在您的选项中打"√"】

您的工作单位是：

您的身份：

（1）教育行政管理人员 （2）教育督导人员 （3）教育科研人员

您的单位所属层级：

（1）省级（自治区、直辖市）（2）地市级 （3）区（县）级

您对三级课程管理政策的熟悉情况：

（1）比较了解 （2）一般 （3）不太了解

【访谈问题】

1. 从 2001 年至今，本省在国家、地方、学校课程管理中制定、颁布了哪些政策文件推进三级课程管理实施？

2. 地方、学校课程管理工作主要由哪些机构承担？主要课程管理职能是什么？人员如何构成？

3. 2001 年至今，本省是否有地方课程规划，目前规划了哪些课程？这些地方课程进入学校需要经过哪些程序？地方课程是否有配套教材？教材是否有审查？标准是怎样的？

4. 2001 年至今，本省是否开展了国家课程落实和地方、学校课程实施的评估、检查工作，这些工作主要由哪个部门承担？主要存在的问题有哪些？请举例说明。

5. 在现行的课程管理体制中，希望国家将哪些职能（权力）下放到地方？哪些职能（权力）收回国家管理更好？

6. 目前国家、地方、学校课程的比例是否合适？应如何改进地方课程、学校课程的管理方式？对未来三级课程管理工作，有哪些好的建议？

附件四　义务教育阶段三级课程管理执行情况调研访谈提纲

（校长、副校长、教务主任、教研主任）

各位学校领导好！

我们需要了解义务教育三级课程管理实践现状并获取改革建议。经推选，项目组拟邀请您回答以下问题，以便于教育部决策参考。我们承诺将严格遵守调查研究伦理规范，请根据您了解的真实情况充分发表意见和建议。非常感谢您的贡献！

【您的个人信息，请在您的选项中打"√"】

您的工作单位：

您的学校所属学段：

（1）小学　（2）初中　（3）九年一贯制

您的学校属于：

（1）城区校　（2）城市郊区校　（3）农村校

您的学校属于：

（1）公办校　（2）民办校　（3）其他

您对学校在三级课程管理中的职能熟悉情况：

（1）比较了解　（2）一般　（3）不太了解

【访谈问题】

1. 学校是否围绕三级课程落实制订了相关方案？您校每学年实际执行课表中的课程门类和课时是谁（或哪个部门）依据何种要求采取何种方式确定下来的？教师之间调课需要经过哪些手续？

2. 为了增强国家课程对学校和学生的适应性，您校主要采取了哪些措施对国家课程进行校本化实施和管理？

3. 在您校目前为止开设的所有地方课程中，是否符合学校的实际需求？实施效果较好和不好的地方课程分别有哪些？请具体列出地方课程名称并说明原因。

4. 您校开设的校本课程是如何开发出来并进行管理的？制定了哪些管理制度？学校如何选用校本课程、校本教材？您认为当前中小学校本课程管理中存在哪些主要问题？

5. 学校在课程管理中获得过哪些部门和群体的指导？通常是怎样进行指导或监督的？

6. 您觉得当前实行的国家、地方和学校三级课程管理体制的总体实际效果如何？（主要从两个方面谈效果：第一，是否较好改变了课程管理过于集中的状况。第二，是否较好地增强了课程对地方、学校和学生的适应性。）

7. 目前综合实践活动课程、地方课程、校本课程占总课时 16% ~ 20%，您认为比例设置是否合适？应当做何调整（不变、增加、减少）？

8. 您认为学校目前在执行三级课程管理制度中存在哪些具体的困难和问题？您对三级课程管理制度改进有哪些具体的期待和建议？

后　记

　　三级课程管理是中小学课程管理的基本政策，对于全面贯彻和落实新方案、新课标，促进学生全面发展，具有重要意义。本书力图以调研数据和事实材料的结论为依据，分析现实困境与问题，总结实践经验，为三级课程管理实施的发展提供一定理论与实证依据。

　　本书得以完成，得到诸多老师与同事的帮助，自 2018 年以来，本人有幸参与中国教育科学研究院课程与教学研究所的重点项目"义务教育三级课程管理政策实施现状调查"，形成三级课程管理实施的研究理论与方法，并完成本书部分素材积累。其中，本书的实地调研部分由课程与教学研究所的领导与同事共同参与完成。特别感谢郝志军老师对我博士后阶段学习的指导与鼓励。感谢王鑫、杨颖东、杨莉娟、冯新瑞、胡军、王晓霞、陈晓东、杨清、项纯、黄琼、陈效飞、王艺蓉、杨永华、伍妍等老师在调查研究中过程给予的支持与帮助。感谢知识产权出版社的贺小霞老师为本书出版付出的辛勤劳动。本书中所有引述皆已一一注明出处，在此一并表示感谢。

　　书稿虽然付梓，然而错漏在所难免，敬请各位同仁不吝赐教。

哈斯朝勒

2023 年夏于北京